Proteção de Dados e *Compliance* Digital

Proteção de Dados e *Compliance* Digital

2021

Claudio Joel Brito Lóssio

ALMEDINA

PROTEÇÃO DE DADOS E COMPLIANCE DIGITAL

Autor: Claudio Joel Brito Lóssio

Diretor Almedina Brasil: Rodrigo Mentz
Editora Jurídica: Manuella Santos de Castro
Editor de Desenvolvimento: Aurélio Cesar Nogueira
Assistentes Editoriais: Isabela Leite e Larissa Nogueira

Diagramação: Almedina
Design de Capa: FBA

ISBN: 9786556272030
Abril, 2021

Dados Internacionais de Catalogação na Publicação (CIP)
(Câmara Brasileira do Livro, SP, Brasil)

Lóssio, Claudio Joel Brito Proteção de dados e compliance digital /
Claudio Joel Brito Lóssio. – 1. ed. – São Paulo: Almedina, 2021.

Bibliografia.
ISBN 9786556272030

Índice:
1. Compliance 2. Direito 3. Proteção de dados – Direito – Brasil
4. Proteção de dados – Leis e legislação 5. Tecnologia I. Título.

21-56079 CDU-342.721(094.56)

Índices para catálogo sistemático:

1. Lei geral de proteção de dados: Direito à privacidade 342.721(094.56)

Aline Graziele Benitez – Bibliotecária – CRB-1/3129

Este livro segue as regras do novo Acordo Ortográfico da Língua Portuguesa (1990).

Editora: Almedina Brasil
Rua José Maria Lisboa, 860, Conj. 131 e 132, Jardim Paulista | 01423-001 São Paulo | Brasil
editora@almedina.com.br
www.almedina.com.br

Para Minha Esposa e Meus Filhos

AGRADECIMENTOS

A gratidão e o reconhecimento para as pessoas que fizeram com que algo se tornasse possível, é essencial para a resiliência e a sustentabilidade da minha paz e felicidade interna.

Agradeço à minha família, que sempre me incentivou a aceitar o desafio de me inscrever num mestrado em Lisboa, Portugal, diante da permanente possibilidade de abrir mão da presença pela procura de um desenvolvimento pessoal.

Agradeço à empresa, SNR Sistemas, da qual faço parte do corpo de sócios, diante do meu sócio, que é meu irmão, e de todos os componentes que a forma, pois sem a lealdade e conhecimento destes, eu não teria conseguido passar sequer um dia ausente daquela que é a minha segunda casa.

Agradeço aos meus amigos, que caminham comigo, fiéis escudeiros, pessoas com as quais posso contar a qualquer momento, e que estão comigo tanto nos meus dias de glória quanto nos de luta.

Agradeço à Universidade Autónoma de Lisboa por serem sempre acolhedores e cordiais, promovendo o convívio com um cordo de docentes realmente de altíssimo nível, tanto ao nível de conhecimento, quanto ao que à transmissão do mesmo diz respeito.

Agradeço ao Instituto Politécnico de Beja, minha casa em Portugal, com o apoio dos coordenadores do MESI, professores, mestres e amigos que são determinantes para a minha evolução, assim como ao Lab UbiNET, grupo de pesquisa o qual tenho a enorme honra de estar presente e aprender junto aos gigantes da investigação forense.

Agradeço aos professores que são meus mestres, que me guiam sempre que preciso de ajuda, professores que incentivam o desenvolvimento da conformidade e do novo, permitindo, assim, que as minhas escritas no decorrer desta academia, fossem sempre direcionadas à pesquisa interdisciplinar.

Agradeço aos meus orientadores, primeiramente por aceitarem orientar-me, mas também pela permanente disseminação do conhecimento, quer presencial, quer por meios sociais e, principalmente, pela disponibilidade em indicar os caminhos a seguir diante do desafio da escrita para uma academia tão imperiosa. Com prefácio nessa obra.

Agradeço a Presidência do Conselho Regional da Ordem dos Advogados de Lisboa, um gigante como profissional e como pessoa, cordialidade e competência, o qual me deu a honra de apresentar essa obra.

NOTA DO AUTOR

Meu nome é Claudio Joel Brito Lóssio, nascido em Juazeiro do Norte, Ceará, mais conhecida como terra do Padre Cícero, ou "Padim Ciço". Filho de família nativa da região. Minha mãe, Masa, Juazeirense, neta da pessoa que trouxe o primeiro ônibus para minha cidade e filha de Expedito, meu avô que conheceu o próprio padre Cícero, assim como o cangaceiro Lampião. Meu pai, Ivan, entusiasta da tecnologia, foi um dos pioneiros em inovações no comércio local, negociando com o comércio de lanches, discos, CDs e telefonia, filho de José Gondim, a pessoa que trouxe telefonia para Juazeiro do Norte.

Sou o quinto filho, sendo que dois já se foram. Eles partiram durante o meu curso de Direito, José possuía o Bar do Zé e Ivana trabalhava com licores caseiros. Aqui comigo estão, Ivan, cinegrafista e fotógrafo, assim como Ivaneusa, que possui um comércio especializado em artigos religiosos.

Hoje, junto com melhor time de desenvolvimento, estamos no ecossistema da SNR Sistema, que surgiu através da fusão de duas ideias, do Claudio e do Alessandro. Desenvolvemos exclusivamente soluções para a automação de serventias extrajudiciais, com uma equipe com desenvolvedores, advogados, administradores, engenheiros de segurança informática, entre os demais colaboradores.

Em um certo dia de trabalho normal, uma pessoa falou que fecharia a SNR Sistemas, caso a gente não desenvolvesse determinada solicitação que ao nosso ver violava nossos princípios. Assim, entrei na academia de direito. E diante de tanta tecnologia, quis me tornar um advogado?

A faculdade de Direito é um espetáculo de academia, mas quando me vi relacionando o ambiente jurídico com o ambiente digital, abriu-se um horizonte infinito com tanto vislumbre, que nesse momento pensei... preciso aprender cada vez mais sobre essa relação que une o Direito ao mundo da tecnologia.

Concluí a faculdade de direito com a certeza que serei um eterno estudante desta seara, e juntamente com a área de sistemas da informação, que estudo há mais de 25 anos. Vivi boa parte da evolução tecnológica no decorrer de minha vida e agora vivencio a evolução jurídica, com enfoque o meio digital.

Assim, quando me perguntam como eu iniciei tão rápido no direito digital, respondo que não é de hoje que busco compreender a tecnologia, a segurança ofensiva, a programação, e por aí vai.

Em 2017, um grupo de pesquisa privado foi idealizado e fomentado pela SNR Sistemas, o Juscibernética: Tecnologia, Governança, Direito e Sociedade. Esse grupo incentiva novos pesquisadores à pesquisa científica fundamentada.

Assim, com alguns meses de concluído o curso de Direito, fui aprovado no mestrado da universidade Autónoma de Lisboa, o qual conheci grandes professores e colegas os quais alguns tornaram-se amigos para a vida. Nesse curso fui determinante em estudar não só a legislação de outro Estado soberano, mas também o Direito comparado. Me tornei mestre em pleno pico de uma pandemia.

Junto ao meu primeiro mestrado na UAL, fui aprovado para o Mestrado em Engenharia de Segurança Informática, pelo Instituto Politécnico de Beja. Uma honra.

No decorrer dessa evolução participei da autoria ou coordenação de alguns livros como o Cibernética Jurídica, o Manual Descomplicado de Direito Digital e o Juscibernética, entre outras produções científicas.

Diante disso, decidi fazer essa escrita com base no que foi produzido em meu primeiro mestrado, tema que veio evoluindo desde quando autodidata da tecnologia da informação, da graduação, sendo então recriada e aprimorada no decorrer dos anos. Ninguém sabe tudo, mas o pouco que sei decidi trazer um pouco aqui, pois todos os dias somos alunos e professores.

Juazeiro do Norte – CE, 27 de janeiro de 2021.

APRESENTAÇÃO

Da aldeia global ao casulo digital

Quando o pensador Marshall Mcluhan nos introduziu o termo "aldeia global" e previu o advento de um mundo ligado em rede, estava a falar de conceitos quase de ficção científica. Um futurismo apresentado ao mundo na primeira metade dos anos 1960, nos livros "A Galáxia Gutenberg" e "Compreender os meios de comunicação". Mcluhan teorizava sobre o poder dos *mass media*, num período em que estes tinham "apenas" o poder do papel e das ondas da rádio. Tecnologias que começavam a moldar a sociedade e a forma de nos relacionarmos, pensarmos e organizarmos. Apesar de rudimentares, vistas à luz da nossa sociedade digital, telefone, telégrafo, televisão e rádio tiveram um poder de comunicação e de influência nas sociedades daquele período semelhante ao da internet, nos dias de hoje. Foram saltos tecnológicos gigantes, revolucionários.

Os avanços tecnológicos das décadas mais recentes, a banalização do chip, a produção em massa de componentes eletrónicos e o advento do computador pessoal, nos anos 1980, e a democratização da internet, na segunda metade dos anos 1990, começaram a evidenciar que a "aldeia" tipificada por Mcluhan estava a ficar ainda mais pequena. A internet permitiu a concretização plena e mais extrema do conceito introduzido pelo teórico canadiano. Essa rede global que encurta distâncias, funciona à velocidade da luz, tem o poder de transformar o mundo numa aldeia, onde todos podem estar em contacto permanente com todos, mesmo quando, fisicamente, estão separados por milhares de quilómetros e fusos horários antagónicos.

Numa era cada vez mais digital e digitalizada, cada um de nós é uma fonte preciosa de dados que, imperceptivelmente, oferecemos a terceiros, sempre que colocamos "na rede" informações aparentemente tão inócuas como uma fotografia de um pôr-do-sol ou um "gosto" numa imagem de um carro. Ou, simplesmente, quando nos ligamos à internet – a hora, o local, a duração da ligação... –, fazemos uma primeira pesquisa, consultamos um jornal online.

Nunca estivemos tão expostos, mesmo na nossa privacidade. E nunca estivemos tão livres, mesmo quando fechados entre quatro paredes em frente a um pequeno ecrã com ligação à internet. O mundo à nossa frente, sem sairmos do lugar. Paradoxos de um novo mundo, fantástico e desafiante, mas, também, imensamente perigoso e preocupante. A nossa informação pessoal, privada, pode ser facilmente compilada por entidades terceiras, tratada, elaborada e utilizada para condicionar os nossos comportamentos, sejam eles as nossas ideias e opiniões, ou os hábitos de consumo e sociais, o que encerra perigos imensos.

Como comprova a desinformação – as tão célebres *fake news* – que, cavalgando a velocidade da transmissão de informação, um imediatismo que gera tantos outros "ismos" mas que, acima de tudo, acaba por impedir-nos de mergulhar mais fundo nos temas, nos impele a comentar e a reagir em vez de investigar e refletir para, depois, formar uma opinião sustentada. E num mundo destes, em que as "verdades" são fabricadas com uma velocidade estonteante, em que o escrutínio é feito em microssegundos, logo, muito pouco digno desse nome, é a democracia que está em causa. As estratégias usadas – com os perfis falsos nas redes sociais, a criação de grupos de influência e a disseminação de ideias e propaganda – não são novas. O que é novo é o meio – um mundo digital, global, interligado e que não dorme. Mais que a mensagem, é o meio. E aqui voltamos a outro conceito de Mcluhan: "o meio é a mensagem". Por tudo isto, temas como a proteção de dados e a cibersegurança são fundamentais e estruturantes desta nova sociedade em que estamos mergulhados. Uma sociedade cada vez mais concretizada no espaço virtual, com as relações pessoais a tornarem-se tendencialmente mais distantes, encerradas numa caixa de diálogo, num ecrã, num telemóvel. Num casulo digital! O Compliance Digital e a Proteção de Dados, de Claudio Joel B. Lóssio é um elemento fulcral para melhor entendermos e lidarmos com esta realidade cada vez mais envolvente e que tende a moldar as nossas vidas, as nossas relações e o nosso pensamento.

João Massano
Advogado
Presidente do Conselho Regional de Lisboa
Mestre em Direito

PREFÁCIO

A academia nos proporciona momentos maravilhosos e foi, exatamente, lecionando na Universidade Autónoma de Lisboa que conheci à época, o mestrando, Claudio Lóssio, autor desse importante livro. Durante o curso, Claudio tornou-se meu orientando e, desde então, começou a desenvolver a pesquisa sobre a temática da sua dissertação de mestrado que se transformou nessa obra intitulada O Compliance Digital e a Proteção de Dados: Preservando Direitos na Sociedade da Informação.

Foi com muita alegria que recebi o convite do autor e ex-aluno, para prefaciar sua bela obra. Nesse momento em que é apresentado o livro, o autor compartilha com o mundo acadêmico sua vasta experiência profissional na área associada ao conhecimento adquirido ao longo de sua vida, tanto em relação ao Direito, quanto à Tecnologia. Isso sem citar sua busca de estar em constante aprimoramento com a especialização *stricto sensu*.

Quanto ao conteúdo da obra, trata-se de um tema atual e importante e, por isso, é, de fato, uma grande contribuição para a sociedade, pois nas palavras do autor, a decisão de investigar e escrever sobre o tema visou apresentar, precisamente, como a procura pelo Compliance poderá facilitar a relação entre o Direito e a Tecnologia. Segundo Claudio, estes caminham cada vez mais unidos diante de uma sociedade geradora de informação, globalizada e acelerada pelo ciberespaço.

O livro que contém investigações no âmbito do Brasil e de Portugal mostra que as condutas das pessoas estão também cada vez mais direcionadas para a utilização dos dispositivos tecnológicos. Assim, convém lembrar que o instrumento regulador social das condutas é o Direito, justificando-se, assim, a sua cautela em unir os dois temas.

Questões afetas à cibercultura e ao ciberespaço foram bem trabalhadas pelo autor, daí as suas preocupações sobre a proteção à privacidade, proteção de dados e cibersegurança.

Valendo-me, mais uma vez, das palavras do autor, a importância de apresentar a relação da formação da sociedade da informação ao lado de uma evolução de diplomas reguladores, faz com que se perceba uma atenção direcionada para a busca pela conformidade praticamente em todos os atos normativos. Por isso, o Compliance é trazido como instrumento para se atingir a eficácia preventiva proposta pela lei e, por isso, apresenta-o no ponto três desta escrita como instrumento para preservação de direitos diante da sociedade da informação.

Não é por acaso que Brasil e Portugal, bem como diversos países já implementaram legislação específica para a proteção de dados. O Século XXI vem sendo marcado como a Era do Compliance e, com isso, os sistemas de gestão em busca da conformidade têm aproximado cada vez mais o Direito da Tecnologia.

Enfim, apresentamos e recomendamos esse belíssimo livro do autor que aborda, com muito zelo, todos os temas apresentados e outras nuances que tornará a leitura necessária, pois além de interessante e atual, passa a ser uma realidade e, em muitos casos, uma obrigatoriedade.

Claudio Carneiro

Pós-Doutor pela Universidade Nova de Lisboa. Doutor em Direito Público e Evolução Social. Professor convidado do Programa de Pós-graduação *stricto sensu* da Universidade Autónoma de Lisboa e Professor Permanente do Programa de Mestrado da UniFG/BA

LISTA DE ABREVIATURAS

ANPD – Autoridade Nacional de Proteção de Dados
CDPC – Comité Europeu para os Problemas Criminais
CEDH – Convenção Europeia dos Direitos Humanos de 1950
CCPA – *California Consumer Privacy Act*
CLOUD – *Clarifying Lawful Use of Overseas Data Act*
COO – *Chief Compliance Officer*
DOD – *U.S. Dept of Defense*
DPO – *Data Protection Officer*
EU – União Europeia
GDPR – General Data Protection Regulation
ISO – *International Organization for Standardization*
LGPD – Lei Geral de Proteção de Dados (Brasil)
MCI – Marco Civil da Internet (Brasil)
OCDE – Organização para a Cooperação e Desenvolvimento Econômico
DUDH – Declaração Universal de Direitos Humanos de 1948
PEC – Projeto de Emenda Constitucional (Brasil)
RGPD – Regulamento Geral de Proteção de Dados
TI – Tecnologia da Informação

SUMÁRIO

INTRODUÇÃO

A tecnologia da informação tornou-se, com o passar dos anos, uma condicionante na vida das pessoas, sendo determinante para que várias atividades sejam exercidas diante da sociedade da informação, seja no lazer, labor, banca, estudos, praticamente tudo. Preservar e garantir os direitos fundamentais individuais, sociais e coletivos perante uma sociedade da informação proporcionada e catalisada pelo espaço cibernético – onde o tempo é completamente diferente daquele do nosso modelo social convencional –, torna-se, portanto, cada vez mais desafiador.

A decisão de investigar para desenvolver a escrita de "O *compliance* digital e a proteção de dados: preservando direitos na sociedade da informação" visou apresentar, precisamente, como a procura pelo *Compliance* poderá facilitar a relação entre o Direito e a Tecnologia. Estes caminham, na verdade, cada vez mais unidos diante de uma sociedade geradora de informação, globalizada e acelerada pelo ciberespaço. As condutas das pessoas estão também cada vez mais direcionadas para a utilização dos dispositivos tecnológicos, e convém lembrar que o instrumento regulador social das condutas é o Direito, justificando-se, assim, a preocupação diante desta seara.

A dimensão dos direitos humanos fundamentais demonstra que autores como José Joaquim Gomes Canotilho estão preocupados com essa submersão da sociedade no ciberespaço. A quarta dimensão dá-se, então, através do reconhecimento do Estado diante de normas constitucionais cada vez mais próximas da realidade, promovendo os direitos que formam essa geração de número quatro, que são: o direito à democracia, à informação e ao pluralismo, bem como à bioética. A cibernética apresenta-se, por sua vez, na quinta dimensão, mostrando que a preocupação com a relação entre pessoas e máquinas se torna cada vez mais fortalecida. O surgimento e a popularização do computador e da internet, logo após se terem tornado instrumentos de comunicação massiva e de fuga de informação, acabam por fomentar maior preocupação com a ciência Cibernética. Esta área estuda a relação entre homens e máquinas e a informação diante desse novo sítio digital denominado espaço cibernético ou ciberespaço.

A procura por regulamentação do espaço cibernético inicia-se com estudos e com a pretensão de se atingir essa quinta dimensão, tendo em conta a preservação das garantias, dos direitos e das liberdades fundamentais das pessoas, como a inviolabilidade da vida privada, da intimidade, das comunicações, e a proteção de dados, por exemplo. Com o objetivo de garantir tais direitos fundamentais, sejam humanos, sejam constitucionais, leis de proteção de dados começam a surgir em todo mundo; os países procuram preservar o seu povo quando se trata do direito à personalidade, à privacidade e à intimidade quando relacionados aos dados pessoais de cada pessoa singular. Assim, pode-se afirmar que é essencial a busca pela preservação da privacidade de pessoas singulares, bem como pela não intromissão arbitrária, conceitos diretamente associados à proteção de dados, visto que a fuga ou a violação desta informação poderá afetar diretamente os titulares desses dados. Dependendo do caso, situações destas podem causar danos morais muitas vezes irreversíveis, visto que é difícil a remoção de conteúdo no ambiente cibernético. Percebe-se, deste modo, uma intensa legiferação direcionada à proteção de dados, diferentemente de convenções anteriormente citadas e que estão em foco na preservação da privacidade, imagem, intimidade e personalidade.

O poder legislativo deve estar consciente das leis e da aplicação técnica da proteção para pessoas coletivas, privadas, mistas ou públicas, pelo que existe uma necessidade de tutela junto do seu titular. Assim, se a pessoa singular, a sua privacidade, personalidade, intimidade, imagem e dados estiverem protegidos a ponto de não ocorrer violação e/ou fuga, os direitos e garantias previamente expostos neste parágrafo estão sob proteção.

A Constituição da República Portuguesa de 1976 já apresentava a regulação da utilização da informática. A proteção de dados já estava prevista, tendo sido revista em 1982 e 1989 e reforçada nesse artigo que trata da utilização da informática. Neste, já está implícito o titular dos dados, que poderá exigir a retificação e alteração, assim como saber a finalidade para a qual os seus dados são solicitados.Esta Carta Fundamental traz também uma previsão sobre o conceito de dados pessoais, transmissão e utilização, tratamento automatizado e consentimento, assim como a garantia de proteção dos titulares através de uma entidade administrativa independente. Esta preocupação do legislador constitucional português faz da Constituição Portuguesa um exemplo de pioneirismo no mundo no que à proteção de dados diz respeito, estendendo-se também aos dados sensíveis, necessidade de consentimento, finalidade da recolha, processamento automatizado e combate à discriminação através dessa informação. Os dados devem ser protegidos, tanto em âmbito digital, quanto em ambiente físico, pelo que o acesso por terceiros não autorizados ou sem consentimento prévio deverá ficar vedado por razões de interesse nacional, salvo casos excecionais. Além do referido, é igualmente proibido que o cidadão possua um único número identificador.

Mesmo possuindo leis específicas em Portugal, a Constituição da República Portuguesa adota cuidados perante utilização da informática que têm vindo a evoluir ao longo dos anos, visto que as definições e regulações direcionadas à proteção de dados têm sido postos em prática desde 1976. O sistema legal do Brasil, por exemplo, apenas em 2014 trouxe regulação sobre este tema e que, de forma indireta, apresentou algumas brevíssimas tentativas de conceito acerca de proteção de dados, apesar de estar longe de constituir um direito fundamental. Fica, deste modo, marcado o pioneirismo português, muito embora já existisse uma PEC que procurava atribuir a proteção de dados como um direito fundamental. Percebe-se, no entanto, que é clara a diferença de legiferação para proteção de dados pessoais quando se compara Portugal e o Brasil, visto que desde 1976, através da Constituição da República Portuguesa já existe uma abordagem fundamental positivada em Portugal, bem diferente do cenário brasileiro, que possui apenas uma Lei Geral de Proteção de Dados Pessoais publicada, cumprindo *vacatio legis* até agosto de 2020.

No ponto um será abordada a transformação social que proporciona a evolução da sociedade da informação. As revoluções industriais trazem sempre impactos nas sociedades, pois conseguem agregar novos factos sociais através de novas possibilidades; seguidamente, de cada uma destas revoluções, um instituto será elencado, cabendo perceber que, antes e depois de cada uma, surgiam e sumiam novas possibilidades de tutelas.

O motor, a eletricidade, o computador, os megadados, são novos conceitos englobados pelo termo ciber. Antes de existir o ciberespaço, não existiam legiferações direcionadas a estes termos, incluindo-se aqui a cibersegurança, por exemplo. Porém, nesta era, são criados ou alterados normativos em consequência da preocupação com factos sociais do mundo palpável, mas também da esfera do ciberespaço.

O acesso à informação é um direito, assim como o é o direito de informar, e isso torna-se cada vez mais massivo quando existe um meio que catalisa o processo de comunicação entre as pessoas – o ciberespaço. A sociedade está num constante processo de transformação devido ao modo como as pessoas utilizam a informação: ao criar, ao enviar, e ao receber diariamente uma inestimável quantidade de conteúdos. Este cenário mais recente necessita, pois, de leis para cuidar dessa relação, tanto através de cartas fundamentais, padrões internacionais, acordos, e/ou por normativos legais. Essa preocupação dos Estados surge de uma maior necessidade de preservar os direitos, garantias e liberdades individuais dos indivíduos e assim, conforme citado, é cada vez mais comum analisar legislações com conteúdo relacionado com o ciber, proteção de dados e busca pela conformidade.

A cibernética é a ciência que estuda a relação entre pessoas e máquinas. Derivados desta, surgiram novos termos, como a juscibernética, que trata a relação entre humanos e máquinas diante do direito. Ciberespaço é um termo que, primeiramente, surge fora do ambiente académico, num livro de ficção, mas que se tornou tão forte que departamentos de defesa, Estados, pesquisadores, juristas, já o utilizam ao tratar da relação do equipamento físico, cablagem de redes, meio de armazenamento magnético e comunicação que operam em conjunto, completa ou parcialmente. A cibercultura aparece já como a cultura adquirida pela utilização do ciberespaço, esfera que nasce e consegue mudar padrões e comportamentos sociais. O ciberespaço tem vindo já a ser considerado soberano devido à sua força, não diretamente comparável à soberania de um Estado, mas considerado uma força praticamente incontrolável.

O processo de comunicação entre as pessoas nunca esteve num patamar assim, superando-se a cada dia, criando conteúdos, enviando, recebendo e trazendo novas oportunidades diante do surgimento praticamente diário de novas possibilidades proporcionadas pelo berço do ciberespaço. A relação entre pessoas de Estados diferentes é comum, todos se tornam próximos no caráter planetário onde o ciberespaço catalisa o processo de globalização, a troca de experiências, culturas, relações comerciais e de trabalho, alterando, assim, os padrões que formam a cultura das pessoas de origens diversas. Desta forma, as pessoas cada vez mais se relacionam com outras de diferentes países, aprendendo, reaprendendo e desconstruindo. Diante desta situação, podem surgir litígios entre pessoas de Estados distintos e, devido à Soberania própria, os procedimentos jurídicos tornam-se muito diferentes dos comuns e, muitas vezes, a sua eficiência e eficácia ficam comprometidas.

No ponto dois desta escrita serão apresentadas as preocupações, perceções e legiferações direcionadas à privacidade, proteção de dados e cibersegurança, nesta sequência. Estas surgem gradativamente a partir do valor social diante dos novos factos, que por consequência foram regulados pelo Estado através da normatização, sendo que a Declaração Universal dos Direitos Humanos, mesmo datando de 10 de dezembro de 1948, possui um texto bem atual quanto se trata do direito à privacidade das pessoas. O dispositivo legal versa que uma pessoa não poderá ver a sua vida privada violada, mas a realidade é que vivemos numa sociedade na qual os computadores ou telemóveis possuem inestimáveis dados e informações pessoais que podem sofrer intrusão por um terceiro não autorizado. Nesta sequência, os direitos fundamentais trazidos pela Declaração Universal dos Direitos Humanos são reforçados na Europa pela Convenção Europeia dos Direito Humanos de 1950, novamente evidenciando a inviolabilidade da vida privada.

A Constituição da República Portuguesa de 1976 é tão atual que já vem munida de previsão para a regulamentação da utilização da informática; entre os direitos, a proteção de dados está já definida, muito embora se assemelhe a um brevíssimo resumo dos diplomas atuais para ela direcionados. Alguns institutos foram previstos, como o titular dos dados, o consentimento, a finalidade, assim como os dados que possuem uma maior sensibilidade, processamento automatizado e o combate à discriminação pela possível recolha de dados. Trata-se, portanto, de uma constituição modelo quando se trata da busca pela privacidade no tratamento de dados pessoais.

A relação entre privacidade, proteção de dados e algoritmo, surge pelo Tratado de Estrasburgo de 1981. Neste foram elencados e definidos, de entre outros institutos: o dos dados pessoais, apresentados como o conteúdo que identificou torna uma pessoa identificável; o processamento automático, complementado com dados processados e armazenados, podendo ser de maneira lógica, digital, e ainda assim, submetidos a análises de algoritmos para certas determinações de filtro ou exposição, por exemplo. Trata-se, assim, de uma perceção direcionada à privacidade, diante do tratamento e proteção dos dados pessoais, viabilizando um limite aos algoritmos.

A preocupação com a preservação da privacidade das pessoas através da proteção de dados é permanente, surgindo, na União Europeia, a Diretiva 95/46/CE, de 24 de outubro de 1995, relacionada com a tutela das pessoas singulares diante do tratamento dos dados pessoais, assim como a sua livre circulação. Essa Diretiva Europeia, tal como a Constituição da República Portuguesa, foi um marco pioneiro e internacional quando se trata de legiferação com direcionamento para proteção de dados, expandindo e detalhando as definições diante das suas considerações e artigos. Esse diploma traz a busca pelo *Compliance* logo no seu primeiro artigo, o qual expressa que os Estados-membros deverão assegurar a conformidade da presente Diretiva. Por sua vez, em 26 de outubro de 1998, ocorreu a sua transposição para a ordem jurídica portuguesa, formando a Lei da Protecção de Dados Pessoais, Lei de número 67/98. Ainda na União Europeia, a Carta dos Direitos Fundamentais da União Europeia de 2000 reforça, entre outras, a preocupação com a dignidade da pessoa humana, e como o ataque à vida privada de uma pessoa é passível de ocorrer através da fuga e da violação dos dados pessoais, podendo causar danos irreparáveis à sua vida digna.

Na Constituição da República do Brasil de 1988 não há legiferação direcionada à proteção de dados, tutela já presente na Constituição de República Portuguesa de 1976. Continha, ainda assim, no seu texto, os direitos fundamentais positivados referentes à inviolabilidade da personalidade, da imagem, da vida privada, das comunicações e das correspondências, que, por si só, devem ser tuteladas pelo Estado. Mesmo sendo a proteção de dados citada na Lei do Marco Civil da Internet, só veio a concretizar-se em formato de legislação em 2016, com a publicação da Lei Geral de Proteção de Dados do Brasil. Isto sucedeu na sequência da publicação do Regulamento Geral de Proteção de Dados da Europa, que foi um segundo marco quando se aborda o diploma sobre proteção de dados.

Relacionando os normativos brasileiros, portugueses, e da União Europeia diante dos diplomas selecionados para esta escrita, a diretiva

2016/1148 do Parlamento Europeu e do Conselho traz medidas direcionadas à tutela num nível mais elevado no que à segurança de redes e da informação em toda União Europeia diz respeito. Isto fará certamente ascender um vasto detalhamento nas considerações e demais artigos. O referido diploma foi posteriormente transposto para a ordem jurídica portuguesa, fazendo surgir a Lei 46/2018, que é apresentada como Regime Jurídico da Segurança do Ciberespaço, contruindo mais um importante alicerce de termos derivados do ciber no meio jurídico.

A importância de apresentar a relação da formação da sociedade da informação ao lado de uma evolução de diplomas reguladores, faz com que se perceba uma atenção direcionada para a busca pela conformidade praticamente em todos os normativos. Noutras palavras, o *Compliance* é trazido como instrumento para se atingir a eficácia preventiva proposta pela lei. E é no ponto três desta escrita que o *Compliance* nos é apresentado como instrumento para preservação de direitos diante da sociedade da informação.

O *Compliance* pode ser tratado como um sinónimo de conformidade em qualquer âmbito, seja jurídico, administrativo ou tecnológico; este termo pode estar, aliás, relacionado com qualquer ciência que procure o máximo de plenitude na sua eficiência. Nesta escrita, procura-se a conformidade das legislações de proteção de dados, assim como procedimentos técnicos. Já quando se apresenta o termo *Compliance* digital, procura-se a conformidade legal, unindo este conceito de forma interdisciplinar com mecanismos técnicos informáticos para se conseguir cumprir o que é exigido no diploma, já que existe uma ligação próxima e necessária do conhecimento jurídico-legal, de aplicação do *Compliance* e de segurança informática para se promover a boa governança e gestão de riscos na esfera cibernética.

Para proporcionar uma melhor perceção, serão apresentados alguns dos protagonistas diretos de normativos de proteção de dados, como o titular, que é o real proprietário dos dados, e o trabalho de *Compliance* digital aplicado pela pessoa encarregada da proteção dos mesmos. Seja essa pessoa singular ou coletiva, é ela que gera a prevenção dos direitos deste titular. Por sua vez, a pessoa ou empresa responsável pela proteção de dados deve conhecer bem a aplicabilidade eficiente do *Compliance*, visto que é através desse instrumento que ocorrerá a fusão necessária entre o Direito e a segurança informática, trazendo o máximo de cibersegurança possível ao local em trabalho.

O trabalho de *Compliance* digital tem como base necessária a aplicação e governança eficientes, bem como uma análise e gestão dos possíveis riscos, de forma a evitar a violação de normativos e a procurar uma redução de ameaças e vulnerabilidades que provoquem fuga e violação de dados. Mesmo sabendo que a busca pela conformidade digital é um trabalho árduo e permanente, essa é a ferramenta mais eficiente para se conseguir a prevenção com o máximo de efetividade e eficiência, pois a plenitude é inalcançável, mas deve ser sempre procurada. Neste cenário, a capacitação através de treinos de educação direcionada ao ambiente cibernético é necessária para fortalecer a equipa.

Essa prevenção torna-se cada vez mais necessária quando se trata de uma era na qual o *Compliance* é promovido em praticamente todos os setores que procuram a prevenção devido, sobretudo, ao surgimento de novas tecnologias e possibilidades proporcionadas pelo catalisador do processo de globalização – o ciberespaço. Para uma melhor compreensão, serão elencados alguns paradigmas que apenas em termos de prevenção se conseguirão atingir. Essas novas tecnologias possuem, na sua maioria, o ciberespaço como berço, sendo que por vezes surgem conflitos entre direitos provocados pelas possibilidades informáticas algorítmicas, como o tratamento automatizado de dados. Por meio da ausência de conformidade digital da empresa que desenvolve uma aplicação, através deste método automatizado consegue-se violar o direito à proteção de dados do seu titular. Por outro lado, há tecnologias que podem armazenar dados de forma permanente, mas deve-se atentar à possibilidade de, ao ocorrer um armazenamento que seja feito com conteúdo ilegal, surgir um conflito direto, tanto entre direitos fundamentais, quanto entre ciências; neste caso, as jurídicas e as tecnológicas.

Esses conflitos previamente elencados poderão ser minimizados ou até extintos a partir da aplicação do trabalho de *Compliance* digital, que será mais bem apresentado no decorrer desta escrita. É, pois, de ressalvar, que essa prevenção provocará uma maior tutela quando se procura a conformidade, conceituando a evolução social até estar convencionada como a sociedade da informação diante da evolução das legiferações internacionais, portuguesas e brasileiras direcionadas à busca pela privacidade, proteção de dados e cibersegurança.

1.
A Sociedade da Informação

A abordagem deste capítulo tem como objetivo proporcionar uma melhor compreensão do todo desta escrita, visto que a sociedade da informação não é formada exclusivamente em ambiente físico, mas também digital/cibernético. Neste mundo virtual, a comunicação entre pessoas ocorre, pois, por meio de máquinas, acumulando, enviando e/ou recebendo informações em velocidade exponencial e com volume inestimável.

A sociedade em que vivemos é aquela na qual a informação é um ativo de agregação de valor. Os megadados físicos e digitais fazem com que tudo ao redor de todos seja constituído por dados e/ou informações, quer estejam em arquivos de papel, quer em computadores ou telemóveis. Em suma, estão presentes em praticamente tudo e em todos.

Quase todas as pessoas do mundo então incluídas neste sistema de informação, seja de forma direta ou indireta. Direta quando, por exemplo, uma pessoa singular possui informação armazenada, quer em arquivo físico, quer no ciberespaço. Acontece, por exemplo, quando uma esta possui um perfil numa rede social e/ou um sítio eletrónico pessoal, entre outras inserções. Indireta, quando uma pessoa singular não possui acesso direto ao ciberespaço, mas está presente numa notícia jornalística ou registado numa aplicação gestora hospitalar, por exemplo, ou apenas em dados estatísticos.

De entre as tecnologias presentes e formadoras da sociedade da informação, a que mais se destaca é, indiscutivelmente, a internet. É através da sua existência que os processos automáticos das demais tecnologias fluem e que as barreiras geográficas são quebradas, proporcionando a troca de cultura e conhecimentos, trazendo, assim, uma nova forma de as pessoas se relacionarem.[1]

É importante ressalvar que ciberespaço e sociedade digital são dois conceitos distintos, porém totalmente interligados. O ciberespaço é um local onde se dá a troca de conhecimentos e de informações e que, embora real, existe apenas na forma virtual, não possuindo um espaço físico. A sociedade conectada é, por si só, um ciberespaço onde, através da internet, as pessoas se juntam e vivem um tipo de relação, produzindo conteúdo e trocando informações.[2]

A sociedade da informação, também denominada sociedade em rede, é uma evolução do *status a quo* da sociedade em que vivemos ao *status ad quem*, criando um modelo social digital onde há uma união completa do mundo real com o mundo digital. Isto acontece porque o ocorrido no ambiente cibernético poderá afetar até mais as pessoas do que o que sucede no ambiente material, como no caso em que se sofre uma difamação por meio de uma rede social.[3] Patrícia Peck Pinheiro também expressa que a sociedade digital é resultado do impulso no desenvolvimento tecnológico, sendo necessária a imersão de todos diante do conhecimento tecnológico proporcionado pela informática[4].

No discorrer desse capítulo os elementos apresentados serão direcionados para uma relação interdisciplinar entre o Direito e as demais ciências elencadas.

1.1. A Informação

A informação é um direito e uma necessidade que cresce exponencialmente ao mesmo tempo em que o espaço cibernético traz um imenso poder de construção, difusão, e recetaçãodesta informação. O direito à informação caminha, por sua vez, de mãos dadas com a liberdade de

[1] POLICARPO, Poliana; BENNARD, Edna – **Cibercrimes na E-Democracia**. 2 ed. Belo Horizonte: Editora D'Plácido, 2017. ISBN 978-85-8425-635-8. p. 50.

[2] *Idem – Op. Cit.* p. 49

[3] SAKAMOTO, Leonardo – **O que aprendi sendo xingado na internet**. 1 ed. São Paulo: Leya, 2016. ISBN 978-85-441-0420-0. P. 120-125.

[4] PINHEIRO, Patrícia Peck – **#DireitoDigital**. 6 ed. São Paulo: Saraiva, 2016. ISBN 978-85-02-63561-6. P. 67.

expressão de quem emite a informação, bem como o direito de informar e ser informado. Assim, todos têm o direito de receber, dos órgãos públicos e empresas de notícias privadas, informações do seu interesse, sejam essas de cunho particular, coletivo ou geral. Há, no entanto, exceções, como nos casos em que impere o sigilo relativamente à segurança, quer da sociedade, quer do Estado[5], preservando a inviolabilidade da vida privada das pessoas.

Assim como o direito à informação, conforme citado anteriormente, caminha juntamente com a liberdade de expressão, surgem consigo os discursos de ódio, que normalmente são direcionados a pessoas com ideologias diferentes das de quem expressa tal comentário. Configura-se, deste modo, um embate entre esses discursos de ódio e a liberdade de expressão.

No Congresso americano, foi afirmado que: "o Congresso não pode elaborar nenhuma lei limitando – cerceando a liberdade de expressão ou de imprensa", assim permitindo que tais discursos se mantenham ativos no seu Estado soberano. Porém, no Brasil, essa visão de liberdade de expressão não teve adesão tendo em vista que o país já passou, por diversas vezes, por situações nas quais os direitos humanos foram completamente violados e, portanto, essa decisão é tomada tendo como base a luta contra processos e pensamentos discriminatórios[6].

Trazendo essa questão para o âmbito jurídico, é importante verificar em que circunstâncias pode essa liberdade de expressão ser limitada e se, para isso, é possível limitar tal direito em detrimento de outro. Assim, quando essa liberdade de expressão ferir outros princípios constitucionais igualmente importantes, poderá ser cerceada. É, portanto, possível perceber que vetar a liberdade de expressão é ferir direitos, mas quando tal liberdade viola outros direitos humanos que ferem a honra, a dignidade, a paz, o direito à vida através de discursos de ódio, esse último deverá ser sobreposto ao primeiro.

As fontes de informação são de fundamental importância para os jornalistas, pois sem elas não haveria jornalismo, o que constata a relação de confiança que tem de haver entre estes profissionais. Traída essa confiança, o jornalista perderá a sua credibilidade. Independentemente

[5] LENZA, Pedro – **Direito Constitucional**. 21 ed. São Paulo: Saraiva, 2017. ISBN 978-85-472-1751-8. pag. 1160.

[6] ***Idem – Op. Cit.*** p. 1134

do sigilo, a veracidade dos factos será da responsabilidade do autor que, ferindo alguém, responderá pelo seu ato. Assim, para que os jornalistas mantenham os seus postos, provendo informação por notícias e assim promovendo a liberdade de expressão e o direito à informação das pessoas, tal direito deve ser preservado, embora mantido o sigilo de fonte.

Diante de uma catalisação proporcionada pela internet, a massa de informação é muito vasta e, por isso, os profissionais devem, perante esta dificuldade, procurar filtrar os conteúdos de valor e verdadeiros para proporcionar a informação. Os jornalistas, o direito-dever de informar a sociedade civil, bem como o direito, por parte da sociedade, a ser informada são, muitas vezes, utilizados como justificativa para a invasão da esfera privada. Porém, os jornalistas possuem o dever de informar verdades que interessem à sociedade civil e não todas as verdades; aquelas que não são públicas, não são da sua competência[7].

Havendo, então, um embate entre dois direitos – o direito à informação e o direito à personalidade, é necessário que se haja um equilíbrio entre eles. O que interessa ao público é publicável se não abrir conflito com outros direitos. No caso de entrarem confronto com outro qualquer direito, o interesse público de uma informação só existe se, sem ela, a opinião pública formular juízos errados ou insuficientemente fundamentados sobre pessoa, instituição ou matérias do domínio público. Entretanto, mesmo havendo o interesse público em determinada matéria, é necessário que o jornalista entenda que viola o direito de alguém ao invadir a sua privacidade[8]. Para se promover uma maior proteção no que diz respeito à personalidade, a procura pela conformidade legal quando se trata de proteção de dados poderá fazer com que ocorra uma minimização dessa problemática, ou mesmo da violação ou fuga de dados de pessoas singulares em face de um possível dano causado na sua imagem e/ou personalidade.

A avaliação para decidir se é do interesse público ou privado só é feita, normalmente, após a publicação da notícia, pois não é possível exigir-se de um jornalista essa avaliação. O que pode ser exigido é uma análise posterior em relação à avaliação que foi feita pelo jornalista. Portanto, esse entendimento traz ao profissional uma certa liberdade conferida no entendimento de que o mesmo pode decidir sobre os métodos de pesquisa,

[7] MARTINS, Paulo – **O Privado em Público.** p. 44.

[8] *Idem – Ibidem.*

bem como sobre a forma de transmitir a informação. Porém, é importante lembrar que é necessário que este aja levando sempre em consideração os seus conceitos éticos e morais.[9]

Assim, é necessário que, para se justificar a invasão da privacidade em prol do interesse público, uma notícia tenha como objetivo os seguintes pontos: a) denunciar e expor crimes ou comportamentos antissociais; b) evitar que pessoas sejam enganadas por alguma declaração emitida por indivíduo ou instituição; c) divulgar informações que possibilitem uma tomada de decisão informada sobre assuntos de interesse público ou que de alguma forma venha a revelar incompetência que afete o público; combater fraudes e a corrupção; d) promover a concorrência; e) possibilitar às pessoas a capacidade de contestar decisões que venham a prejudicá-las. Isto é relevante, pois nem sempre a personalidade e ou a privacidade podem ser intocáveis

É cada vez mais comum a informação como motor para a comunicação entre as pessoas que compõem cada sociedade, conforme afirma Luhmann[10]. E essa informação, quando unida e acionada de forma automática, proporcionada pelo computador e a internet unidos, torna-se cada vez mais difundida. Observe-se adiante.

1.2. A Informática: "Informação Automática"

A palavra informática vem da união entre "informação" e "automática", trazendo um tratamento das informações de modo automatizado, assim utilizando os microprocessadores de computadores para processamento automático dessas informações[11].

A popularização da informática deu-se com a utilização dos microcomputadores, que foi o primeiro passo da revolução dos computadores. O segundo momento desta revolução veio com o surgimento e popularização do uso deste meio de comunicação tão voraz: a internet.

A internet será o primeiro elemento a ser apresentado, visto que sem a sua existência, o direito a ser esquecido não seria abordado com tanta

[9] *Idem – Ibidem.*

[10] LUHMANN, Niklas – **O direito da sociedade**. 1. Ed. Martins Fontes: São Paulo, 2016. ISBN: 978-8580632569. P. 84.

[11] VELLOSO, Fernando de Castro – **Informática**: Conceitos Básicos. 10 ed. Rio de Janeiro. 2017. ISBN 978-85-352-8813. p. 01.

frequência, pois a internet está sempre presente, seja através de emails, sítios eletrónicos de notícias ou em redes sociais.

A internet faz parte, direta ou indiretamente, da vida de praticamente todas as pessoas no planeta. Diretamente, quando se utiliza algum tipo de serviço na internet, como uma aplicação de rede social; indiretamente, quando uma pessoa tem os seus dados inseridos na internet através de um sítio de notícias ou de terceiros que utilizem bases de dados na nuvem.[12]

Segundo Manuel Castells, a internet veio para engrandecer e promover a troca de informação entre os seus utilizadores, fomentando uma interação massiva entre as pessoas no ciberespaço.[13] Está, no fundo, a promover uma maior amplitude na liberdade de expressão. O motor a vapor, a eletricidade e a internet podem, na verdade, ser considerados o objeto de transformação de cada revolução industrial. Nesse caso, a Internet é o principal objeto da presente revolução que envolve a era da informática presente na sociedade digital.[14]

Cada vez mais fortalecida com o surgimento de sítios eletrónicos e aplicações que promovem a interação entre pessoas singulares, como as redes sociais, e aplicações de comunicação em massa, a internet mudou completamente o mecanismo de interação social, seja no país local, ou entre Estados. O terceiro e atual passo desta evolução da informática dá-se com o surgimento e ou aprimoramento de novas ferramentas tecnológicas que tiveram como berço o computador e a internet: inteligência artificial, *BigData*, *blockchain*, robótica, entre outras[15].

Procurando adequar a sociedade diante desta catalisada transformação digital, a atuação do trabalho de *Compliance* torna-se cada vez mais comum para se legiferar e, principalmente, para se analisar a aplicabilidade dos

[12] LÓSSIO, Claudio Joel Brito – **A Soberania e as Leis de Proteção de Dados**. 2019. Trabalho elaborado e apresentado na disciplina Direito da norma ao procedimento e à fase aplicativa, lecionada pelo Professor Doutor Alex Sander Xavier Pires na UAL – Universidade Autónoma de Lisboa. (Não publicado)

[13] CASTELLS, Manuel – **A Galáxia da Internet**: Reflexões sobre a Internet, os negócios e a sociedade; Tradução Maria Luiza X. de A. Borges. Rio de Janeiro: Zahar, 2003. ISBN: 978-85-7110-740-3. p. 07.

[14] LÓSSIO, Claudio Joel Brito Lóssio – *Ibidem*.

[15] MOUGAYAR, William. **Blockchain para Negócios:** Promessa, Prática e Aplicação da Nova Tecnologia da Internet. Rio de Janeiro: Alta Books, 2017. ISBN 978-85-508-0067-7. p. 84.

normativos reguladores do Direito. Com isso, surge o *Compliance* digital, que tem como objetivo procurar adequar as legislações vigentes aos padrões técnicos internacionais, o que será apresentado e conceituado de forma menos breve num capítulo exclusivo.

Diante da apresentação da sociedade da informação, é mister e imperioso que se aborde a ciência cibernética, assim como aquilo que doutrinadores jurídicos, filósofos, pesquisadores, futuristas, e órgãos abordam acerca desta. Seja no Brasil, em Portugal, ou noutros pontos do planeta, é importante analisar este conceito, visto que se trata de um termo que está relacionado com o berço de transformações da sociedade e das relações entre pessoas e máquinas.

Para acontecer essa relação entre homens e máquinas é necessário que, entre estes, se estabeleça comunicação. Como tal, para explicar esta situação, o Sociólogo Niklas Luhmann é invocado na presente escrita. Segundo Luhmann, a comunicação é o centro de toda a sociedade, pois tudo gira em torno da mesma[16], fundamentando a existência de uma sociedade da informação.

O sistema social é, então, a própria comunicação, sendo que a busca pelo entendimento da dinâmica da comunicação é o ponto de partida nos estudos sociológicos. Desta forma, o estudo da comunicação é aquilo que define a Sociologia, assim como o estudo das matérias define a Física.[17] Esta explicação mostra que o processo de comunicação é a base da sociedade, e esta teoria torna-se mais fortalecida com a existência do ciberespaço, proporcionado pelos computadores e pela internet.

Luhmann versa que a comunicação se divide em 3 estágios, sendo todos eles necessários para que a comunicação se concretize: primeiro, a ocorrência de transmissão da informação; segundo a forma da transmissão e como o ponto de destino recebe essa informação.[18] No entanto, existe ainda o modo de interpretação da informação recebida no destino, provocando o entendimento adequado e inicialmente proposto.[19]

[16] LUHMANN, Niklas – **O direito da sociedade**. 1. Ed. Martins Fontes: São Paulo, 2016. ISBN: 978-8580632569. p. 83.

[17] *Idem – Ibidem.*

[18] *Idem – Op. Cit.* 92.

[19] *Idem – Op. Cit.* 93.

Diante da apresentação da teoria expressa por Luhmann, fica clara a presença massiva deste processo de comunicação na vida de todas as pessoas, seja por meio de utilização de uma comunicação por voz e/ou dados via aplicativo de comunicação instantânea, seja pela comunicação entre dispositivos inteligentes.

O próximo subtópico será direcionado para uma abordagem sobre o termo cibernética e as demais nomenclaturas deste derivadas, surgindo pela junção do ciber com outras palavras.

1.3. Os Megadados (*Bigdata*)

Mega dados: trata-se de um termo traduzido de *Bigdata*. Não poderia faltar a explicação para este conceito, visto que o discorrer desta escrita aborda a proteção de dados e informações. Assim, é importante que ocorra uma manipulação que permita a conformidade digital, minimizando o risco de violação e/ou fuga de dados e, por consequência, a promoção da salvaguarda da privacidade, imagem, e personalidade dos seus titulares.

José Joaquim Gomes Canotilho e Vital Moreira, mesmo não vindo da área informática, trouxeram emprestada das Ciências Informáticas a explicação para o termo "dados":

> O enunciado linguístico dados é o plural da expressão latina datum e está utilizada na Constituição no sentido que hoje lhe empresta a ciência informática: representação convencional de informação, sob a forma analógica ou digital, possibilitadora do seu tratamento automático (introdução, organização, gestão e processamento de dados).[20]

Fica sempre uma incógnita quando se pronuncia os termos "dados" e "informações", pois há quem pense que são conceitos idênticos. Não são. Para procurar explicar melhor, imagine-se: quando se escreve no teclado de um computador a palavra "casa", não se consegue escrever a palavra toda de uma vez; vai-se escrevendo letra a letra: C, A, S, A e, assim, o conjunto destas letras forma um vocábulo com sentido, contrariamente às

[20] CANOTILHO, José Joaquim Gomes; MOREIRA, Vital – **CRP: Constituição da República Portuguesa** – Anotada, Artigo 1 a 107. 4 ed. Vol I. Editora Coimbra, 2007. ISBN 978-972-32-1462-8. P. 550.

letras soltas. Entenda-se, então, que é o conjunto de dados que constrói a informação.

Outro exemplo consiste na própria internet, que permite procurar o nome completo de alguém. Ao juntarmos todos os resultados obtidos, não será impossível localizar o seu número de identificação, endereço, lista de trabalhos, listas de candidaturas, entre outros. Concluindo, através dos mega dados poderá obter-se informação suficiente para se saber sobre qualquer coisa.

Observe-se agora um caso concreto que aconteceu em 2009 quando um vírus – o H1N1- foi descoberto. Como saber a sua origem, visto que este havia sido encontrado simultaneamente em várias pessoas no mundo? O Centro de Controlo de Previsão de Doenças dos Estados Unidos tinha uma base de dados alimentada pelos médicos, e o Google fez um cruzamento desses dados com os locais em que as pessoas pesquisavam "remédio febre e tosse", pois essa pesquisa era típica de quem tinha sintomas gripais. Essa relação fez com que se descobrisse, não a origem, mas onde o H1N1 se estava a disseminar em tempo real, tudo isto através do volume de dados para se obter informações.[21]

Segundo o parecer do número 3/2013 do grupo de trabalho do artigo 29º, relacionado com a Diretiva 95/46/CE, o termo Megadados foi claramente conceituado como:

> Megadados refere-se ao aumento exponencial da disponibilidade e da utilização automatizada de informações: refere-se a conjuntos de dados digitais gigantescos detidos por empresas, governos e outras organizações de grandes dimensões, que são depois extensivamente analisados (daí o nome 'analítica') com recurso a algoritmos informáticos. Os megadados podem ser utilizados para identificar tendências e correlações mais gerais, mas também podem ser tratados de modo a afectar os indivíduos directamente. [22]

[21] MAYER-SHCONBERGER, Viktor; CUKIER Kenneth – **Big Data:** Como extrair volume, variedade, velocidade e valor da avalanche de informação cotidiana. Tradução: Paulo Polzonoff Júnior. 1. Ed. Rio de Janeiro: Elsevier, 2013. ISBN: 978-85-352-9070-7. P. 1-3.

[22] PARLAMENTO Europeu – Grupo de Trabalho do Artigo 29. **Orientações relativas ao consentimento na aceção do Regulamento (EU) 2016/679**. 2017. [Em Linha]. [Consult 04 set. 2019]. Disponível em: https://www.cnpd.pt/bin/rgpd/docs/wp259rev0.1_PT.pdf

Este tema será também abordado num contexto tecnológico por Manoel David Masseno no *Internet Society Chapter* Portugal[23] na apresentação de "da segurança dos dados pessoais".

Diante das abordagens expressas neste subtópico, fica claro que, caso não se tenha algum controlo sobre esses dados, as pessoas poderão ter a sua mais profunda intimidade violada pela recolha indevida dos mesmos. Esta temática será aprofundada mais adiante ao falar sobre o tratamento automatizado, que pode estar a direcionar a pesquisa, recolha, e análise de dados que estão presentes no ciberespaço. Separados eles podem não representar nada, mas unidos poderão conter informações de importância imperiosa.

Adiante será abordada a Cibernética, que é a ciência que investiga a relação entre homens e máquinas, assim como alguns dos demais termos criados por juristas, sociólogos, filósofos e afins e que são derivados desta expressão.

1.4. A Cibernética e a Teoria Pentadimensional

O termo Cibernética deriva de um termo grego, *kybernetes*, tendo sido evidenciado através de uma publicação de Nobert Wiener denominada *Cybernetics*, em 1948. Este livro foi o resultado de várias pesquisas interdisciplinares e contou com a participação de diversos pesquisadores e cientistas.[24]

A ideia fundamental desenvolvida por Wiener com os seus principais colaboradores era uma análise da existência de uma relação de controlo semelhante entre o processamento de informações em máquinas e seres vivos. Vide um trecho que versa as suas palavras:

> [...] um campo mais vasto que inclui não apenas o estudo da linguagem, mas também o estudo das mensagens como meios de dirigir a maquinaria e a sociedade, o desenvolvimento de máquinas computadoras e outros autômatos [...], certas reflexões acerca da psicologia e do sistema nervoso, e uma nova teoria conjetural do método científico.[25]

[23] Masseno, Manoel David – **Da segurança no tratamento dos dados pessoais** [no âmbito do RGPD]. No Internet Society Chapter Portugal. 2018. [Em Linha]. [Consult 04 set. 2019]. Disponível em: https://www.youtube.com/watch?v=_Jictcw_ZRA

[24] WIENER, Norbert. **Cybernetics**: or the control and communication in the animal and the machine. Massachusetts Institute of Technology, 1948. p. 19.

[25] *Idem – Op. Cit.* 15.

Diante de uma sociedade na qual a informação constitui um ativo de imperioso e potencial e valor, a relação entre homens e máquinas torna-se cada vez mais essencial para a promoção da comunicação entre pessoas singulares, visto que esse novo *status* faz com que os humanos desafiem as novas possibilidades da seara das máquinas digitais. A sociedade da informação poderia também ser denominada "sociedade da comunicação" ou até mesmo "sociedade cibernética" pois, no contexto da modernidade, a relação da informação, comunicação, e cibernética, forma a essência do ciberespaço, tema que será tratado e apresentado mais à frente.

Com o passar dos tempos, o termo "cibernética" foi-se desconstruindo e formando outros derivados, como ciberespaço, ciberguerra, ou cibercrime, ao mesmo tempo que se relaciona com outras ciências, trazendo também novas colocações como juscibernética, cibernética jurídica, ciborgues, entre outros.

O termo *Giuscibernetica* – em português Juscibernética –, foi elencado de forma pioneira por Mário Losano em 1974, na sua obra "Lições de Informática Jurídica".[26] Nesta escrita, Losano distribuiu a sua organização de pensamento e pesquisa em quatro pontos principais:[27] a) a investigação a inter-relacionar as normas jurídicas diante de atividades sociais; b) o Direito como o instrumento de um sistema com autorregulação; c) a utilização da lógica e técnicas para a formalização diante do Direito; d) técnicas para utilização de dispositivos informáticos no setor jurídico.

O aspeto mais profundo traduz-se na equiparação e comparação entre Direito Natural, *"jus naturale"*, Direito Romano, e o valor adquirido pelo Direito Cibernético proporcionado pela formação da sociedade digital.

Segundo Losano, o ser humano torna-se coadjuvante do que ocorre no ciberespaço, sendo assim um espectador passivo[28]. O homem será, desta forma, um depositador de dados que posteriormente permitirão obter algum resultado através do seu processamento, seja essa resposta de outro ser natural ou artificial. Em 1969, entende-se como uma teoria, assim

[26] LOSANO, Mário – **Lições de Informática Jurídica**. 1 ed. São Paulo: Resenha Tributária Ltda, 1974.

[27] KAMINSKI, Omar – **A Informática Jurídica, a Juscibernética e a Arte de Governar**. [Em Linha]. [Consult 04 set. 2019]. Disponível em: https://www.conjur.com.br/2002-jul-17/informatica_juridica_juscibernetica_arte_governar

[28] LOSANO, Mario G. – **Giuscibernetica**: Macchine e Modelli Cibernetici Nel Diritto. 1 ed. Editora Einaudi, 1969. ASIN: B009W2TVSY. p. 19.

como as demais teorias jurídicas que fundamentam o Direito, a aplicação da cibernética, seja esta favorável ou desfavorável.[29]

Um exemplo claro para os termos "favorável" ou "desfavorável" anteriormente elencados, são as atividades direcionadas para as máquinas, podendo estas resolver crises em escritórios jurídicos, por exemplo. Os juristas que veem a cibernética como a solução para a facilitação de todos os procedimentos perante o trabalho poderão ser, Segundo Losano, demasiado otimistas[30]. Será afinal a cibernética um remédio ou um veneno?

Esta relação entre seres humanos e máquinas poderá fazer com que estes maquinários contribuam através de procedimentos padrão, facilitando, assim, o trabalho aos humanos no que diz respeito ao procedimento jurídico material, obrigando-os a desprender menor força para executar uma tarefa de forma mais rápida, atingindo então maior eficiência.

A popularização da informática, computador e internet fez com que o termo *ciber* se tornasse cada vez mais popular, criando derivados, reforçando o conceito e tornando-o presente em normativos, doutrinas, entre outros.

O livro "Lições preliminares do Direito" de Miguel Reale, traz algumas ligações relacionadas com o modelo interdisciplinar para formação e empregabilidade das tipificações sociais. Este modelo, no qual a cibernética e a matemática desempenham um papel fundamental, deve ser formado de forma obrigatória pelo comportamento das pessoas.[31] Quando se trata desse novo modelo social, a transformação digital vem, assim, como um guião.

Essa formação ocorre segundo as experiências humanas, que se ajustam, acabando umas enquanto surgem outras. O Direito como instrumento de regulação social transforma-se, deste modo, através de normativos desenvolvidos a partir dos factos e valores gerados e com base na teoria tridimensional do Direito: facto, valor e norma.[32]

[29] *Idem – Op. Cit.* 20.

[30] *Idem – Ibidem.*

[31] REALE, Miguel. **Lições Preliminares do Direito.** 25. ed. São Paulo: Editora Saraiva, 2001. ISBN 978-8502041264. p. 175.

[32] *Idem – Ibidem.*

Ao tratar do ciberespaço uma teoria ascende, a Teoria Pentadimensional do Direito: facto, valor, norma, tempo e espaço.[33] O espaço cibernético possui um tempo completamente distinto do mundo material, assim com o limite de fronteiras é praticamente desconhecido, por ao estar utilizando desse espaço digital, não é transparente nem aparente a localização do serviço ou produto que um usuário utiliza.

O comportamento das pessoas é a base para as novas legiferações, e este momento de transformação social é imperioso para que o Direito se forme diante de novos factos previamente inexistentes. É disso exemplo a intrusão de dispositivos informáticos através da internet, cuja popularização fez com que legiferações tivessem sido direcionadas no sentido de efetivar a sua repressão, como a Convenção de Budapeste, a Lei do Cibercrime[34] de Portugal, e a Lei Carolina Dieckmann[35] no Brasil.

Percebendo a partir de um procedimento relacionado ao Cloud Forensics, o **tempo** é essencial para que a eficácia seja atingida diante do objeto da investigação. O **espaço** cibernético basicamente não deixa aparente as fronteiras, e a soberania do Estado não pode ser violada pela investigação diante de um procedimento *Cloud Forensics*. Esse facto torna-se cada vez mais comum, assim também como a legiferação de diplomas direcionados à cooperação internacional, ao comunitarismo e ao pensamento híbrido: material e digital.

Reale, na sua obra, trata que será comum a existência de uma base de dados jurídica que possa ser utilizada, tanto por juízes humanos, como por autómatos e, desta forma, incentivar a colaboração no que respeita decisões judiciais. Utilizam-se, assim, estes meios, não só com uma visão quantitativa, como também qualitativa, através dos princípios da razoabilidade e proporcionalidade nas suas sentenças e/ou acórdãos.[36]

[33] OLIVEIROS litrento [APUD Villanova]. (1982). *FUNDAMENTOS FILOSOFICOS DO DIREITO ROMANO E SUA REPERCUSSÕES NO PENSAMENTO JURÍDICO CONTEPORÂNEO.* Rio de Janeiro: 25(3): 103-114.

[34] PORTUGAL – Lei 109/2009, de 15 de setembro. **Lei do Cibercrime**. [Em Linha]. [Consult. 03 set. 2019]. Disponível: http://www.pgdlisboa.pt/leis/lei_mostra_articulado.php?nid=1137&tabela=leis

[35] BRASIL – Lei 12.737/2012, de 30 de novembro. **Lei Carolina Dieckmann**. [Em Linha]. [Consult. 03 set. 2019]. Disponível em: https://www2.camara.leg.br/legin/fed/lei/2012/lei-12737-30-novembro-2012-774695-norma-pl.html

[36] REALE, Miguel. **Lições Preliminares do Direito.** *Op. Cit.* P. 316.

Trata também que é mister e imperiosos que, na busca por justiça social, o Estado procure a modernização diante dos computadores e da informática jurídica, mais conhecida por juscibernética. Porém, para que tal aconteça, é necessário que ocorra uma qualificação diante da linguagem cibernética para que, deste modo, suceda uma elaboração jurídica desses dados, de forma polivalente e rigorosa.[37]

Segundo Paulo Nader[38], no seu livro *Introdução ao Estudo do Direito* o mundo científico está direcionado para a cibernética com a intenção de desenvolver melhorias cujo objetivo é atingir o máximo de eficiência possível nas atividades realizadas pelas pessoas e máquinas.

Essa é a tecnologia revolucionária que os homens utilizam para facilitar a sua e a vida de outrem, através de uma humanização das máquinas e da cibernética. Por sua vez, a expressão "cibernética" deriva do grego e significa "dirigir", sendo que Nobert Wiener a refere como a "teoria de todo o campo de controlo, seja na máquina ou seja no animal".[39]

Versa também este autor que a cibernética pode atuar com diferentes intensidades, mas sempre de modo interdisciplinar, haja vista à sua relação com as ciências sociais, com as leis da natureza e também com o Direito. Alguns juristas confiam ainda na existência da juscibernética e na possibilidade de tomada de decisões judiciais.[40]

A intenção do direcionamento do Estado para utilização da informática jurídica proporcionada pela juscibernética é, segundo Nader, que sejam reduzidos os erros judiciais e que ocorra uma distribuição democrática da justiça, tornando-a completamente imparcial e sem discriminação de classes sociais.[41]

Nader versa ainda sobre as seguintes possibilidades:[42] 1. Elaboração das Leis: Computadores a fornecer dados necessários e estatísticos; 2. Administração da Justiça – Computadores a administrar processos diante

[37] *Idem – Ibidem.*

[38] NADER, Paulo – **Introdução ao Estudo do Direito**. [Em Linha]. [Consult. 03 set. 2019]. Disponível: https://www.academia.edu/38425921/Introdu%C3%A7%C3%A3o_ao_Direito_Introdu%C3%A7%C3%A3o_ao_Estudo_de_Direito_Paulo_Nader . p. 271

[39] *Idem – Ibidem.*

[40] *Idem – Ibidem.*

[41] *Idem – Op. Cit.* 272.

[42] *Idem – Ibidem.*

das leis vigentes, mas não a julgar, dada a necessidade de sensibilidade e calor humano num julgamento; 3. Pesquisa cientifica – o Computador pode ser programado para analisar e comparar jurisprudências majoritárias em tribunais nacionais e internacionais.

1.5. O Ciberespaço e o *Cyber-Drittwirkung*

William Gibson é um marco quando se trata de cultura cibernética, visto que a sociedade da informação é formada pelo ciberespaço, termo que surgiu com este autor. Tal como Neuromancer expressa no seu livro:

> Uma alucinação consensual diariamente experimentada por biliões de operadores legítimos, em cada país, por crianças a quem são ensinados conceitos matemáticos... Uma representação gráfica de dados extraídos de bancos de cada computador do sistema humano. Complexidade impensável. Linhas de luz alinhadas no não-espaço da mente, clusters e constelações de dados. Como luzes da cidade, afastando-se [...].[43]

A escolha da citação deste texto recai no facto de este ter vindo a ser referenciado em estudos e pesquisas de pessoas como Manoel David Masseno[44], órgãos como o Departamento de Defesa dos Estados Unidos (*U.S. Dept of Defense* – DOD)[45], bem como em textos jurídicos do Comité Europeu para os Problemas Criminais do Conselho da Europa (CDPC), mais precisamente na decisão CDPC/103/211196 de 1996:

> Ense connectant aux services de communication et d'information, les usagers créent une sorte d'espace commun, dit 'cyber-espace', qui sert à des fins légitimes, mais peut aussi donner lieu à des abus.[46]

[43] GIBSON, William – **Neuromancer**. 5 ed. Editora Aleph, 2016. ISBN 978-8576573005. [Livro Digital]

[44] MASSENO, Manoel David – **Ciberespaço e Território na Sociedade Mundial em Rede**. 2016. [Em Linha]. [Consult. 18 ago. 2019]. Disponível em: https://www.academia.edu/30689541/Ciberespa%C3%A7o_e_Territ%C3%B3rio_na_Sociedade_Mundial_em_Rede

[45] US DEPT OF DEFENSE – **DOD's Cyber Strategy: 5 Things to Know**. By Katie Lange. 2018. [Em Linha]. [Consult. 18 ago. 2019]. Disponível em:

[46] MASSENO, Manoel David – [*APUD*] CDPC/103/211196. *Ibidem*.

Em livre tradução para esta escrita:

> Conectando-se a serviços de comunicação e informação, os utilizadores criam um tipo de espaço comum, chamado "ciberespaço", que serve fins legítimos, mas também pode dar origem a abusos.

Sendo assim, esse termo, mesmo tendo sido citado pela primeira vez por um autor de ficção, acabou se tornar numa referência para pessoas, departamentos de defesa e textos jurídicos, como é o caso da lei 46 de 2018 de Portugal. Esta lei representa a transposição da diretiva número 2016/1148 do Parlamento Europeu e Conselho, que apresenta o regime jurídico de segurança no ciberespaço.

Pierre Levy, filósofo, sociólogo e pesquisador das ciências da informação e das comunicações apresenta, no seu livro *Cibercultura*, pela primeira vez o termo "ciberespaço" que, conforme mencionado no subtópico anterior, é da autoria de William Gibson, na sua obra *Neumancer*. Pierre Levy, conceitua ainda o que, para si, define a palavra ciberespaço: "o espaço de comunicação aberto pela interconexão mundial dos computadores e das memórias dos computadores".[47]

Pierre Levy defende que a cibercultura proporcionada pelo ciberespaço não possui centro nem diretriz, pois está relacionada com um mundo virtual universal, embora não total. Uma evolução técnica presente numa civilização emergente[48], multimodal em rápida evolução e com muitas competências:[49] eis o método interdisciplinar.

A cibercultura, segundo Levy, pode apresentar um período de incertezas perante a exigência da verdade. Será possível confiar naquilo que foi colocado no ciberespaço?[50] Sob um olhar superficial, essa questão ganha força e faz sentido. É claro que, de forma verdadeira, existem sítios eletrónicos cujo real objetivo é fornecer falsas notícias, mas esses *sites* que têm por função causar caos na rede perdem cada vez mais visão e credibilidade. No entanto, aqueles que são mais confiáveis crescem e alcançam maior público.[51] Mesmo ocorrendo essa seleção natural das informações, existem

[47] LEVY, Pierre – Cyberculture. 1997. [Em Linha]. Editora 34. ISBN 8573261269. P. 97

[48] *Idem – Op. Cit.* 98.

[49] *Idem – Op. Cit.* 183.

[50] *Idem – Op. Cit.* 251

[51] *Idem – Ibidem.*

sítios eletrónicos que ganham espaço ainda que disseminando informações ou notícias cujo objetivo consiste na propagação de conteúdo falso ou incoerente. Porém, não se pode proibir os conteúdos no ciberespaço, pois ocorreria um conflito direto com a liberdade de expressão, que é um princípio fundamental amplamente utilizado no ambiente digital.[52]

A cibercultura chega à sociedade convencional trazendo diversas mudanças em toda a estrutura social. Não se pode, porém, confirmar que esta vai de encontro aos valores da modernidade, nem que a cibercultura é pós-moderna, tendo em vista que muitos dos valores modernos como a liberdade, a igualdade, e a fraternidade são, através dela, concretizados e amplificados.[53] A cibercultura traz, portanto, na sua essência, a resolução de muitos problemas da modernidade mas, em contrapartida, carrega também diversas questões de difícil resolução. Quando se apresentam novos problemas através da criação de novos factos, o Direito como instrumento regulador social entra em ação para fazer com que ocorra uma maior tutela da relação social. Neste caso, do principal elemento formador da sociedade da informação: o ser humano.

A nossa sociedade está a atravessar um momento de transformação proporcionado pelo ciberespaço e pela nova dinâmica do processo de globalização. Viver-se-á, então, numa civilização emergente nascida num ambiente onde a cibercultura está presente na vida de todos, assim como a água e o ar?

Zygmunt Bauman, sociólogo e pesquisador da natureza líquida, refere no seu livro *A Cultura no Mundo Líquido Moderno* que o ciberespaço é o "espaço dos fluxos"[54], no qual a política não consegue interferir. É, pois, um espaço onde dados e informações conseguem fluir a grande velocidade e com um intenso volume sem um controlo prévio nem censura.

A internet não nasceu para ser controlada nem limitada ou segurada; nasceu como um instrumento de comunicação que busca a independência, fluidez, e a capacidade de não se limitar a qualquer espaço. Por essa razão,

[52] *Idem – Ibidem.*

[53] *Idem – Op. Cit.* 253.

[54] ZYGMUNT, Bauman – **A Cultura no Mundo Líquido Moderno**. Tradução por Carlos Alberto Medeiros. [Em Linha]. Editora Zahar. [Consult. 04 set. 2019]. Disponível em: http://lelivros.love/book/baixar-livro-a-cultura-no-mundo-liquido-moderno-zygmunt-bauman-em--pdf-epub-e-mobi-ou-ler-online/

os Estados procuram, já há algum tempo, criar regulações direcionadas ao ciberespaço – um mundo que, ao mesmo tempo que pretende ser "autónomo", traz muitas vezes a possibilidade de rasto na sua estrutura.

O espaço dos fluxos pode ser visto como uma possibilidade de liberdade pelo facto de os Estados não poderem intercetar a comunicação entre pessoas, muito embora possa ocorrer um controlo Estatal dessa comunicação. Fica-se, então, entre um aspeto positivo e um negativo, a depender da perspetiva de cada um.

Para Zygmunt Bauman, o motor da sociedade é a comunicação. No contexto do ciberespaço, deverá existir um dado ou informação, envio, meio de envio, receção e entendimento desse recetor. Concluindo, parte-se do princípio que se vive na prática proporcionada pelo ciberespaço, criado e catalisado pela popularização do computador e da internet, mecanismos tecnológicos que fizeram o Direito legiferar pensando no modo *ciber*.

A Teoria Tridimensional do Direito, de Miguel Reale, assenta em três pilares: facto, valor e normas, bases que nunca haviam sido tão necessárias como agora, diante das novas condutas proporcionadas pelo ciberespaço. Criou-se uma nova forma de relação globalizada, na qual pessoas de vários Estados se comunicam, podendo, nesta comunicação plena, existir litígios, visto que aqui se coloca a soberania do ciberespaço diante da soberania dos Estados, com isso A Teoria Pentadimensional se torna cada vez mais necessária, facto, valor, norma, tempo e espaço.[55] O espaço cibernético possui um tempo completamente distinto do que está presente no mundo material, assim com o limite de fronteiras é praticamente desconhecido, pois por ao estar utilizando desse espaço digital, não é transparente nem aparente a localização do serviço ou produto que um usuário utiliza.

Nesta escrita, José Joaquim Gomes Canotilho e Vital Moreira não poderiam deixar de ser citados e por isso, de forma a trazer as suas abordagens sobre o Direito e o Ciberespaço, a obra invocada foi *Constituição da República Portuguesa Anotada*.[56] Os direitos fundamentas diante das relações jurídicas privadas, o qual glosa notas no artigo 18º, que versa sobre a força jurídica.

[55] OLIVEIROS litrento [APUD Villanova]. (1982). *FUNDAMENTOS FILOSOFICOS DO DIREITO ROMANO E SUA REPERCUSSÕES NO PENSAMENTO JURÍDICO CONTEPORÂNEO.* Rio de Janeiro: 25(3): 103-114.

[56] Canotilho, José Joaquim Gomes; MOREIRA, Vital. (2007). *CRP: Constituição da República Portuguesa – Anotada, Artigo 1 a 107. 4 ed. Vol I.* Editora Coimbra. p. 387.

Esta deve ser analisada e posta ao nível de sociedade civil global, pois acredita que o ciberespaço é soberano. Deverão ser tidos ainda cuidados acrescidos por parte dos Estados nas relações jurídicas diante dos entes públicos e privados no ciberespaço, para uma maior eficácia externa dos direitos, liberdades e garantias diante desta nova possibilidade para os entes soberanos.[57]

José Joaquim Gomes Canotilho e Vital Moreira, perante este novo paradigma proporcionado pelo ciberespaço, apresentam a *Cyber-Drittwirkung*, que é a eficácia jurídica dos direitos, liberdades e garantias jurídico-privadas advindas da Internet.[58] Esse exemplo é de imperiosa relevância para que ocorra uma preocupação relacionada diretamente com a amplitude planetária proporcionada pelo ciberespaço. O ciberespaço pode, assim, ser tratado com uma soberania independente, mas poderá também seguir uma lógica regulatória imposta pelos Estados.

> A eficácia dos direitos fundamentais nas relações jurídico-privadas deverá colocar-se hoje também a nível da "sociedade civil global" e do "Estado-rede". A existência de uma espécie de "soberania do ciberespaço" coloca com acuidade a questão de saber se e como se poderá estender a "eficácia externa" dos direitos, liberdades e garantias aos novos entes soberanos. Além disso, passa também a questionar-se a forma como as instâncias políticas (nacionais e internacionais) podem e devem impor a certas entidades privadas a observância dos direitos fundamentais (ex,: imposição a um *lost provider* comercial que possibilite ao *content provider* em rede o acesso a websites de pornografia e propaganda nazi), Nesta perspectiva poderá discutir-se, por ex, a Cyber-Drittwirkung ou eficácia jurídica dos direitos, liberdades e garantias nas relações jurídico-privadas desenvolvidas por meio da Internet, Os conhecidos casos do portal Yahoo em França (venda de objectos relativos ao regime nazi e ao nazismo) e da divulgação, via Internet, do livro do Presidente Mitterrand, feito pelo seu médico particular, demonstram que a chamada «vinculação pública e privada» através dos direitos fundamentais obedecerá mais a urna lógica regulatória do que a um comando imposto através do Estado.[59]

[57] *Idem – Ibidem.*

[58] *Idem – Ibidem.*

[59] *Idem – Ibidem.*

O instituto *Drittwirkung* é uma expressão alemã que tem como significado a teoria da eficácia horizontal dos direitos fundamentais, fazendo uma ligação entre o contexto privado e externo, numa relação entre o cível e os direitos fundamentais.[60] Diante disto, José Joaquim Gomes Canotilho e Vital Moreira trouxeram o termo *Cyber-Drittwirkung*, ampliando o âmbito da relação cível entre o privado e o externo, direcionando-o ao ciberespaço.

Conforme elencado na evolução do termo "ciber" ou "cyber", e diante de todos os subtópicos cujo objetivo é maximizar a cognição acerca da cibernética e de alguns derivados, percebe-se que juristas de renome mundial, filósofos, sociólogos, e outros, explanam acerca do ciberespaço. Este conceito é, assim, direcionado às novas possibilidades de factos do quotidiano das pessoas, situação que faz com que exista uma preocupação crescente com esse novo e permanente espaço, cada vez mais presente na relação social. É, então, possível afirmar que o ciberespaço providencia novos meios para fortalecer o termo "sociedade da informação", catalisando o processo de globalização.

1.6. A Globalização e a "Sociedade Civil Global"

A globalização é um termo muito presente neste momento de transformação digital em que vivemos. Trata-se de um processo de expansão de caráter, quer económico, quer cultural ou político e que traz, na sua essência, um processo de inter-relação global.

Este momento pode ser comparado com o tempo das grandes navegações, tendo em conta a troca de produtos, e que pessoas de Estados e culturas diferentes se relacionariam ao gerar uma troca. As navegações ocorreram numa era em que surgia a necessidade de quebra de monopólios materiais e imperava descobrir novas rotas de comércio perante outros povos que tinham como objetivo estas trocas. Este pode, na verdade, ser considerado o primeiro momento do processo de globalização.[61]

José Joaquim Gomes Canotilho discorre, inclusive, sobre a preocupação perante o cumprimento dos direitos, garantias e liberdades fundamentais

[60] CARVALHO, Fábio Rodrigues de – **Saiba o que significa o instituto Drittwirkung.** [Em linha]. [Consult. 11 set. 2019]. Disponível em:

[61] POLITIZE! – **O que é Globalização.** 2017. [Em linha]. [Consult. 26 set. 2018]. Disponível em: http://www.politize.com.br/globalizacao-o-que-e/

na sociedade civil global[62]. O processo de globalização pode também alterar a dinâmica social através, por exemplo, da criação de novas profissões nascidas da globalização e do ciberespaço e a estes tipicamente associadas, como operadores de *software* e auditores de internet,[63], assim como o próprio *Compliance* digital.

Fábio Konder Comparato expressa que o processo de globalização proporciona a criação de padrões de costumes, modos de vida e formas de trabalho, entre outros. Tudo isso é também provocado pela comunicação, sendo possível criar a base para uma cidadania mundial onde não existam relações de domínio individual ou coletivo.[64]

A internet é o meio de comunicação que catalisa o modo como os indivíduos trocam as informações entre si. Antes da existência do ciberespaço, um indivíduo poderia utilizar os Correios como logística para troca de correspondência postal: uma carta, durante o processo de envio e receção, poderia cruzar o mundo, levando dias até chegar ao seu destino. O correio eletrónico surge para, de forma geral, abolir a carta física. Chamado de e-mail, esse serviço eletrónico envia mensagens de uma pessoa para outra quase de forma instantânea, cruzando fronteiras físicas praticamente de imediato.[65]

Cláudio Carneiro aborda o aspeto de que a globalização pode desencadear eventos que gerem dano através de mudanças comportamentais

[62] CANOTILHO, José Joaquim Gomes; MOREIRA, Vital – **CRP: Constituição da República Portuguesa** – Anotada. *Ibidem.*

[63] CANOTILHO, José Joaquim Gomes; MOREIRA, Vital – **CRP: Constituição da República Portuguesa.** "É questionável, por isso, a tentativa de caracterização material através da acentuação do carácter duradouro da profissão, desde logo porque há hoje muitas actividades profissionais que se caracterizam pela dinamicidade e temporariedade, como, por ex., as profissões do sector quaternário, típicas da globalização (exs.: consultores de marketing, operadores de software, copywriters, internet auditors)," – *Op. Cit.* P. 655.

[64] COMPARATO, Fábio Konder – **A Afirmação Histórica dos Direitos Humanos**. 7 ed. Editora Saraiva: São Paulo. ISBN: 9788547216139. "A solidariedade técnica traduz-se pela padronização de costumes é modos de vida, pela homogeneização universal das formas de trabalho, de produção e troca de bens, pela globalização dos meios de transporte e de comunicação. Paralelamente, a solidariedade ética, fundada sobre o respeito aos direitos humanos, estabelece as bases para a construção de uma cidadania mundial, onde já não há relações de dominação, individual ou coletiva. " P. 51.

[65] LÓSSIO, Claudio Joel Brito – *Ibidem.*

que ocorrem de forma veloz.[66] Embora na sua escrita sejam abordadas as mazelas denominadas corrupção e condições desumanas, noutra perspetiva tais assuntos poderiam estar diretamente relacionados com os danos gerados pela fuga e violação de dados com cunho internacional – entre Estados –, aproveitando a hipervelocidade do ciberespaço.

O exemplo prévio é só uma das situações existentes no ciberespaço proporcionadas pela internet e pelos dispositivos livremente acessíveis a todos. Pode-se aqui citar: a compra por meio de sítios eletrónicos, denominadas lojas virtuais e que podem estar distribuídas em qualquer parte do mundo, a troca de mensagens instantâneas, seja por computador, seja por telemóvel, e até mesmo a realização de procedimentos médico-cirúrgicos utilizando mecanismos robóticos controlados por médicos que poderão estar do outro lado do globo. Estas são, pois, realidades que já integram o quotidiano da maioria das pessoas.[67]

A relação entre os Estados é afetada diariamente pela influência massiva do processo de globalização, que impacta o setor económico, o relacionamento, a cultura e até mesmo a personalidade de cada cidadão. É importante ressalvar que esse processo gera cada vez mais um fenómeno novo: a interdependência entre os Estados. E essa interdependência pode causar danos à soberania, levando em consideração que essa situação vai de encontro à própria essência da mesma.[68]

Com isso, o processo de globalização pode permitir um novo cenário: encurtar a distância entre pessoas de Estados distintos que possam ter interesses em comum. O cenário citado é acelerado pelas tecnologias da comunicação, como a internet, através dos aplicativos que utilizam meio de comunicação. Os grupos de pessoas com interesses semelhantes poderão

[66] CARNEIRO, Claudio – **Compliance e a cultura de paz**. "O mundo globalizado possibilitou que as mazelas desencadeadas por eventos danosos que ocorreram em diferentes continentes, se propagassem de forma veloz passando a exigir uma mudança comportamental, tanto do Poder Público, quanto da sociedade e da iniciativa privada". Et al GALILEU – Revista de Direito e Economia. e-ISSN 2184-1845. 2019. [Em Linha]. [Consult. 17 set. 2019]. Disponível em: http://journals.ual.pt/galileu/wp-content/uploads/2019/08/RG_XX1_Compliance.pdf. P. 38.

[67] LÓSSIO, Claudio Joel Brito – *Ibidem*.

[68] ARAUJO, Valter Shuenquener – **Novas dimensões do princípio da soberania**. Editora Niterói, Rio de Janeiro, 2016. ISBN: 978-85-7626-895-6. p. 29.

então unir-se e expor ou lutar pelos seus ideais, atravessando fronteiras entre Estados.[69]

Para Zygmunt Bauman[70], a construção de uma nação num mundo globalizado ocorre através da cultura. Será essa a cibercultura referida por Pierre Levy previamente apresentada? Zygmunt Bauman alerta para as consequências do processo de globalização, que tem um efeito colateral inconsciente e frágil: as fronteiras entre Estados são fictícias e a soberania territorial é uma ilusão diante desse novo paradigma proporcionado pelo ciberespaço, acelerando a globalização:

> Um efeito colateral da perda dessas aspirações foi a emergência gradual da natureza inconsistente, indistinta, frágil e, em última instância, fictícia das fronteiras do sistema; e, no final, a morte da ilusão de soberania territorial, e com ela a tendência a endossar um Estado-nação segundo a força de seu sistema em termos de autossuficiência, autorreprodução e autoequilíbrio.[71]

A soberania estatal é enfraquecida perante as suas funções tradicionais, fazendo com que este fenómeno seja percebido como um diferencial a desintegrar o alicerce de independência territorial, superado muitas vezes pela solidariedade.[72]

Perante esse processo acelerado de globalização, o Estado pode ficar enfraquecido devido à possível ineficiência no processo de controlo do seu povo diante da comunicação e troca com outros indivíduos de outros Estados. Torna-se também incapaz de regular plenamente a sua economia devido, tanto à influência de outros países, quanto das criptomoedas e à sua descentralização e impossibilidade de controlo, não dependendo, assim, apenas do próprio Estado para a regulação.[73]

A necessidade de se relacionar com outros Estados provoca alterações em princípios constitucionais que regem as relações internacionais, como é o caso da soberania, autodeterminação dos povos e da cidadania.[74] Esta

[69] LÓSSIO, Claudio Joel Brito – *Ibidem.*

[70] ZYGMUNT, Bauman – **A Cultura no Mundo Líquido Moderno**. *Ibidem.*

[71] *Idem – Ibidem.*

[72] *Idem – Ibidem.*

[73] LÓSSIO, Claudio Joel Brito – *Ibidem.*

[74] ARAUJO, Valter Shuenquener – **Novas dimensões do princípio da soberania**. – *Op. Cit.* p. 30-31.

situação surge em consequência de um Estado fragilizado pela soberania cibernética.[75]

O processo de globalização, conforme visto anteriormente, começou com a expansão das navegações, dado que diferentes nações começavam a comunicar entre si, vendendo e comprando produtos e conhecendo a cultura de outros Estados. A internet mudou, no entanto, a velocidade da globalização, sendo um catalisador da comunicação entre países. Esse meio de comunicação, tão popular a nível mundial, é um produto que está na mão de todos a todos os momentos através dos smartphones, pelo que pessoas de qualquer local do mundo conseguem comprar facilmente um produto que está noutro país, opinar em *blogs* políticos, conhecer os padrões culturais de outros Estados... e tudo isso à distância de um clique.[76]

Todo esse processo provocado pelo ciberespaço e pela catalisação da globalização por ele determinada, cria um fenómeno de modificação social denominado: transformação digital. A transformação digital é uma alteração do processo não digital para o digital, segundo o qual instituições, sejam estas públicas ou privadas, por meio das novas tecnologias procuram inovar através de um produto ou de um serviço, disruptivo. Falar de transformação digital e esquecer de citar a Indústria 4.0 será inaceitável.[77]

Vive-se uma revolução industrial – a quarta. A primeira teve no seu cerne o motor; a segunda trouxe a eletricidade; na terceira, deu-se o surgimento do computador e da internet, que posteriormente ficaram populares e se tornaram no berço da quarta revolução. Nesse estágio surgiram tecnologias disruptivas através de produtos e serviços que alteram o padrão de inovação através de novos instrumentos como *blockchain*, inteligência artificial e a internet das coisas.[78]

A massiva influência causada pelo processo de globalização impactou o setor económico ao ponto de modificar a relação, não só entre os Estados, mas também entre os Estados e os seus cidadãos. A aproximação pode, assim, ocasionar um fenómeno cada vez mais forte: a interdependência

[75] CANOTILHO, José Joaquim Gomes; MOREIRA, Vital – **CRP: Constituição da República Portuguesa.** P. 387.

[76] LÓSSIO, Claudio Joel Brito – *Ibidem*.

[77] SHWAB, Klaus – **A Quarta Revolução Industrial**. Ed. 1. São Paulo: Edipro, 2016. ISBN 978-85-7283-978-5. P. 12-13

[78] ARAUJO, Valter Shuenquener – **Novas dimensões do princípio da soberania**. Editora Niterói, Rio de Janeiro, 2016. ISBN: 978-85-7626-895-6. P. 14.

entre os Estados. Por sua vez, esta situação poderá causar danos à soberania, levando a um conflito que ponha em causa a Sua própria essência.[79]

Contudo, a globalização possibilita a existência de um novo cenário: a aproximação através da relação entre grupos com ideias semelhantes e que se unem para as defender ou disseminar. Sociedades distintas que começam a lutar por uma só causa e que, graças ao ciberespaço, derrubam fronteiras físicas. A massiva utilização de novas tecnologias que aproximam pessoas pode então, pelas razões mencionadas, ser considerada a pontuação principal para esse processo.[80]

O modo como as pessoas comunicam sofreu uma mudança massiva após a popularização da internet e das aplicações que a utilizam como meio de comunicação. Diariamente, a indústria 4.0 traz novos produtos inovadores e com novas tecnologias que possuem novas essências. O Direito tem vindo a desempenhar o seu papel como instrumento regulador social e, através da base principiológica e dos direitos fundamentais, procura controlar as consequências que esses produtos e serviços disruptivos têm perante a sociedade. Porém, a esta questão junta-se ainda a problemática de um aparente território sem fronteiras trazido pelo ciberespaço.[81]

A grandiosidade da informação contida nesse novo espaço – o espaço cibernético –, cria ou acelera possibilidades anteriormente domáveis. O processo de globalização e as relações diplomáticas entre Estados soberanos são hoje abordados de diferente forma; exemplo disso são as transações comerciais, pois quando se compra um artigo proveniente de qualquer sítio do mundo pode-se nem sequer se saber a origem, ainda que esse artigo atravesse fronteiras e oceanos.

O processo de globalização, acelerado pelo ciberespaço, não só cria uma sociedade da informação, mas também um mundo de informação sem fronteiras, podendo gerar conflitos entre soberanias e dificuldades para litigar devido ao caráter territorial, mesmo que existam acordos entre Estados. O Direito como instrumento regulador social sofre com a dificuldade que é acompanhar todo o processo de crescimento tecnológico, dado que a velocidade de troca de dados entre indivíduos e/ou coletivos ao atravessar fronteiras é enorme. Novos factos, que possuem valor no

[79] *Idem – Op. Cit.* p. 29.

[80] LÓSSIO, Claudio Joel Brito – *Ibidem.*

[81] LÓSSIO, Claudio Joel Brito – *Ibidem.*

espaço cibernético, geram normas que procuram o máximo de eficiência possível, mas que, ainda assim, não acompanham tal crescimento e seguem a sempre atrás das inovações.

A base principiológica para se ater ao que é certo ou errado torna-se, deste modo, cada vez mais necessária num Estado que possui fronteiras e/ou territórios facilmente alcançados pelo exterior via ciberespaço. Assim, os direitos fundamentais saem cada vez mais fortalecidos na senda por uma legiferação que direcione o normativo para o interesse do espaço digital, cibernético.

Obras e autores de renome trazem preocupações quando se trata da soberania Estatal, globalização e cibernética. Segundo Reale, isto traduz-se nos cuidados da proporcionalidade e razoabilidade, completando Konder Comparato com a afirmação de que a comunicação pode ser a base para um mundo com práticas homogéneas. Já Canotilho vai além, ao afirmar que o ciberespaço é soberano devido à sua força diante das soberanias Estatais.

Seguidamente, tratar-se-á de como surge, não só a proteção de dados como um direito das pessoas singulares, mas também a preocupação por parte dos Estados em tutelar esse direito e garantia fundamental. Este direito já se encontrava, no entanto, por muitas vezes positivado em constituições, como a Constituição da República Portuguesa de 1976.

1.7. A Soberania e o Ciberespaço

Antes de iniciar uma abordagem direta à soberania do ciberespaço, será referida uma conceituação de forma a provocar uma cognição num sentido mais amplo acerca de soberania.

A palavra "soberania" tem a sua origem no latim e significa a superioridade máxima política, como na modelagem hierárquica. Durante a Idade Média, o conceito de soberania começou a desenvolver-se, constituindo, na época, um sinónimo de grandeza ou superioridade diante dos senhores feudais ou do rei.[82] A consolidação entre os Estados soberanos concentrava-se, pois, unicamente nas mãos dos monarcas, situação que *a posteriori* se viu substituída pela atribuição e escolha de uma nação e do seu povo.[83]

[82] ARAUJO, Valter Shuenquener – **Novas dimensões do princípio da soberania**. Editora Niterói, Rio de Janeiro, 2016. ISBN: 978-85-7626-895-6. P. 01.

[83] *Idem – Ibidem.*

A queda do sistema feudal fez com que a soberania ganhasse força de forma absoluta. Essa força decorre do facto de as pessoas terem a necessidade de um protetor – o Estado. Não sendo Ele inferior ou superior a outros Estados e estando, por isso, com eles numa linha horizontal, é-lhe incutida essa função. O Tratado de Vestfália surge, assim, como um marco internacional que traz igualdade entre os Estados, tendo cada um deles soberania no seu espaço territorial, sem nenhum a sobrepor-se ao outro, sendo que, para isso, é necessário respeito mútuo.[84]

A soberania, segundo Jean-Jacques Rousseau, não apresenta carácter irrestrito ou absolutista, pois o governo é formado e direcionado para os interesse do seu povo, criando então a ideia de um poder democrático e soberano. Ao procurar sair de um estado de natureza, as pessoas singulares perdem as suas liberdades de forma parcial para assim, por uma vontade geral, se submeterem ao poder soberano do Estado, escolhido pela maioria.[85] Acerca do soberano escolhido pela vontade do povo não há que falar em abuso, pois existe um acordo de vontade da população. Tal prática mostra que as pessoas que formam a nação estão a seguir a sua vontade em nome de um interesse próprio embora coletivo e não de um só indivíduo.[86]

As liberdades individuais não são plenamente perdidas quando saem do estado de natureza, contudo encontram-se limitadas até certo ponto pelo poder de força de cada indivíduo. Já diante da presença do Estado soberano, o povo limita-se à vontade geral e não à vontade de um único cidadão. O soberano, por sua vez, não deve – por ação ou omissão – prejudicar as pessoas nem ferir a vontade do seu povo,[87] tal como o povo não se pode negar a obedecer ao seu soberano. Cabe, pois, ao indivíduo, a obediência ao escolhido para essa representação soberana. O estado social deve ocorrer por contribuição dos indivíduos. As pessoas singulares são os titulares da soberania pois optaram em um coletivo escolher um soberano para representá-los, todavia, Jean-Jacques Rousseau.[88]

[84] *Idem – Op. Cit.* p. 1-4.

[85] *Idem – Op. Cit.* p. 23.

[86] *Idem – Ibidem.*

[87] *Idem – Op. Cit.* p. 23-24.

[88] LÓSSIO, Claudio Joel Brito – [*Apud* ROUSSEAU]. *Ibidem.*

A soberania é referida na Constituição da República do Brasil de 1988, de forma principiológica e fundamental, no Artigo 1º, inciso I, junto da cidadania e da dignidade da pessoa humana, dos valores sociais do trabalho e da livre iniciativa e do pluralismo político:

> A República Federativa do Brasil, formada pela união indissolúvel dos Estados e Municípios e do Distrito Federal, constitui-se em Estado democrático de direito e tem como fundamentos: I – a soberania;[89]

A Constituição da República Portuguesa[90] de 1976, refere a soberania no Artigo 3º, também como princípio fundamental: "Soberania e Legalidade: Artigo 3 – 1. A soberania, una e indivisível, reside no povo, que a exerce segundo as formas previstas na Constituição.".

Com isso, tanto na Constituição da República Portuguesa de 1976, quanto na Constituição da República do Brasil de 1988, a soberania é elencada de forma principiológica fundamental.

É cada vez mais comum as legiferações dos Estados procurarem direção, preservação e respeito relativamente aos direitos internacionais, evitando possíveis violações noutros Estados. Exemplo disso é a aplicabilidade do princípio da extraterritorialidade elencado em normativos de proteção de dados, como o RGPD. A cooperação e o respeito entre Estados progridem numa visão comunitária, num pensamento de comunidade internacional

[89] **CONSTITUIÇÃO Federal Brasileira de 1988, de 05 de outubro**. "Art. 1º A República Federativa do Brasil, formada pela união indissolúvel dos Estados e Municípios e do Distrito Federal, constitui-se em Estado democrático de direito e tem como fundamentos: I – a soberania; II – a cidadania; III – a dignidade da pessoa humana; IV – os valores sociais do trabalho e da livre iniciativa; V – o pluralismo político. Parágrafo único. Todo o poder emana do povo, que o exerce por meio de representantes eleitos ou diretamente, nos termos desta Constituição. ". [Em linha]. [Consult. 20 Set. 2017]. Disponível em

[90] **CONSTITUIÇÃO da República Portuguesa de 1976, de 10 de abril**. "ARTIGO 3.º (Soberania e legalidade) 1. A soberania, una e indivisível, reside no povo, que a exerce segundo as formas previstas na Constituição. 2. O Movimento das Forças Armadas, como garante das conquistas democráticas e do processo revolucionário, participa, em aliança com o povo, no exercício da soberania, nos termos da Constituição. 3. Os partidos políticos concorrem para a organização e para a expressão da vontade popular, no respeito pelos princípios da independência nacional e da democracia política. 4. O Estado está submetido à Constituição e funda-se na legalidade democrática.". 4ª ed. Coimbra: Almedina, 2017. ISBN 978-972-40-6867-1.

entre vários Estados que, mesmo sem relação através de tratados ou acordos, procuram garantir o zelo, de forma a defender a sua soberania e de outros, rejeitando, assim, interferir ou sofrer qualquer interferência externa no seu ordenamento jurídico.[91]

A Carta das Nações Unidas, no seu Artigo 1º, *Caput* e inciso 3, *in verbis:*

> Os propósitos das Nações unidas são: Conseguir uma cooperação internacional para resolver os problemas internacionais de caráter econômico, social, cultural ou humanitário, e para promover e estimular o respeito aos direitos humanos e às liberdades fundamentais para todos, sem distinção de raça, sexo, língua ou religião possui.[92]

Normativos que tutelam a proteção de dados de pessoas singulares possuem como objetivo fundamental proteger os dados dos indivíduos e, com isso, garantir o direito à privacidade do seu povo ou residentes; ou seja, dos seus nacionais e de pessoas que morem no seu Estado, respetivamente. Nas considerações do número 115 do Regulamento Geral de Proteção de Dados da Europa é expressa uma necessidade de colaboração entre Estados – signatários e terceiros –, para que assim ocorra uma cooperação e assistência judiciária, tanto entre os que estão submetidos a tal Regulamento, quanto entre os que desejarem este tipo de zelo.[93]

[91] COMPARATO, Fabio Konder. **A Afirmação Histórica dos Direitos Humanos.** 19ª Ed. São Paulo: Saraiva, 2004. p. 266.

[92] NAÇÕES Unidas – **Carta das Nações Unidas.** 1945. [Em linha]. [Consult. 29 set. 2018]. Disponível em

[93] **REGULAMENTO (UE) 2016/679 DO PARLAMENTO EUROPEU E DO CONSELHO, de 27 de abril de 2016.** (2). "Alguns países terceiros aprovam leis, regulamentos e outros atos normativos destinados a regular diretamente as atividades de tratamento pelas pessoas singulares e coletivas sob a jurisdição dos Estados-Membros. Pode ser o caso de sentenças de órgãos jurisdicionais ou de decisões de autoridades administrativas de países terceiros que exijam que o responsável pelo tratamento ou subcontratante transfira ou divulgue dados pessoais sem fundamento em nenhum acordo internacional, como seja um acordo de assistência judiciária mútua, em vigor entre o país terceiro em causa e a União ou um dos Estados-Membros. Em virtude da sua aplicabilidade extraterritorial, essas leis, regulamentos e outros atos normativos podem violar o direito internacional e obstar à realização do objetivo de proteção das pessoas singulares, assegurado na União Europeia pelo presente regulamento. As transferências só

Os Estados-Membros que compõem a União Europeia cooperam entre si, sendo que os países que não fazem parte desta comunidade necessitam cada vez mais de atenção para cooperação internacional. Tal prática está nas considerações 101 também do RGPD: "A circulação de dados pessoais, com origem e destino quer a países não pertencentes à União quer a organizações internacionais, é necessária ao desenvolvimento do comércio e da cooperação internacionais. [...]"[94]

Esse Regulamento europeu regulamenta o tratamento dos dados de cidadãos que moram na Europa, sejam europeus ou não. Devido ao princípio extraterritorial, a aplicação do mesmo pode ocorrer dentro ou fora da União Europeia, sendo que esse facto manifesta a dificuldade de aplicabilidade noutros Estados soberanos.[95]

A soberania é formada pela vontade geral através de um contrato coletivo em que o povo abre mão do seu estado de liberdade natural para entrar num estado social. É, portanto, essa a visão que mais se aproxima do atual conceito de democracia. O espaço cibernético traz, todavia, novas problemáticas territoriais soberanas e, por essa razão, surgiu o termo previamente citado por José Joaquim Gomes Canotilho, "a soberania do ciberespaço".[96]

A soberania do ciberespaço é um termo retirado de uma obra na qual José Joaquim Gomes Canotilho e Vital Moreira abordam e se mostram sensibilizados com a observância dos direitos, garantias, e liberdades fundamentais na sociedade civil global.[97] É de frisar ainda que vivemos presentemente um processo de globalização dinâmico e tomado por novas possibilidades como a criação de novas profissões nascidas da globalização

deverão ser autorizadas quando estejam preenchidas as condições estabelecidas pelo presente regulamento para as transferências para os países terceiros. Pode ser esse o caso, nomeadamente, sempre que a divulgação for necessária por um motivo importante de interesse público, reconhecido pelo direito da União ou dos Estados-Membros ao qual o responsável pelo tratamento está sujeito". Disponível em:

[94] *Idem. Ibidem.*

[95] LÓSSIO, Claudio Joel Brito – *Ibidem.*

[96] CANOTILHO, José Joaquim Gomes; MOREIRA, Vital – **CRP: Constituição da República Portuguesa** – Anotada. *Ibidem.*

[97] CANOTILHO, José Joaquim Gomes; MOREIRA, Vital – **CRP: Constituição da República Portuguesa** – Anotada. *Ibidem.*

e do ciberespaço e a estes tipicamente associadas, como operadores de *software* e auditores de internet,[98] entre outros.

> A eficácia dos direitos fundamentais nas relações jurídico-privadas deverá colocar-se hoje também a nível da «sociedade civil global)) e do «Estado-rede». A existência de uma espécie de <<soberania do ciberespaço» coloca com acuidade a questão de saber se e como se poderá estender a «eficácia externa>> dos direitos, liberdades e garantias aos novos entes soberanos. Além disso, passa também a questionar-se a forma como as instâncias políticas (nacionais e internacionais) podem e devem impor a certas entidades privadas a observância dos direitos fundamentais (ex,: imposição a um *lost provider* comercial que possibilite ao *content provider* em rede o acesso a websites de pornografia e propaganda nazi), Nesta perspectiva poderá discutir-se, por ex, a Cyber-Drittwirkung ou eficácia jurídica dos direitos, liberdades e garantias nas relações jurídico-privadas desenvolvidas por meio da Internet, Os conhecidos casos do portal Yahoo em França (venda de objectos relativos ao regime nazi e ao nazismo) e da divulgação, via Internet, do livro do Presidente Mitterrand, feito pelo seu médico particular, demonstram que a chamada «vinculação pública e privada» através dos direitos fundamentais obedecerá mais a urna lógica regulatória do que a um comando imposto através do Estado.[99]

Põe-se, portanto, uma problemática que traz factos novos diante do instituto regulador social, o Direito. Isto vem mostrar a preocupação com um espaço que tem força soberana, devido à amplitude e velocidade e, ainda, à possibilidade, embora difícil, de anonimato. Essa relação entre comunicação, informação e ciberespaço amplifica uma troca de dados que cresce a cada segundo e que é praticamente impossível controlar, seja por tecnologia, seja pela regulação do direito.

[98] Idem – "É questionável, por isso, a tentativa de caracterização material através da acentuação do carácter duradouro da profissão, desde logo porque há hoje muitas actividades profissionais que se caracterizam pela dinamicidade e temporariedade, como, por ex., as profissões do sector quaternário, típicas da globalização (exs.: consultores de marketing, operadores de software, copywriters, internet auditors)," – *Op. Cit.* P. 655.

[99] *Idem – Op. Cit.* P. 387

Deve ser percebido que o soberania do ciberespaço não se trata da trazida tanto pelo Tratado de Vestfália quanto pelas Constituições das Repúblicas dos Estados. A soberania do ciberespaço apresenta o poder que o espaço cibernético tem, que pode ser até mesmo mais forte que a soberania de um Estado.

2.
Da Privacidade, Proteção de Dados à Cibersegurança

A privacidade evoluiu ao ponto de direito já há algum tempo, mas, ainda assim, encontra-se num constante processo de fortalecimento diante da sociedade atual – a sociedade de informação. A propagação de informações dá-se num mundo onde o ciberespaço está cada vez mais presente e dominante tornando-se, dia após dia, mais comum na vida das pessoas. Com esta situação, surge um forte aliado para a preservação do direito à privacidade, não só no espaço cibernético, como também no ambiente físico: a proteção de dados.

O direito à privacidade consiste num direito de personalidade e tais direitos foram debatidos após a Declaração Universal dos Direitos Humanos. Os direitos de personalidade, do qual o direito de privacidade faz parte, têm o seu fundamento na dignidade humana, na autonomia da vontade e no reconhecimento da individualização de cada indivíduo diante da coletividade. Estes direitos permitem ao indivíduo o controlo de aspetos formadores da sua personalidade, tais como o nome e imagem.[100]

[100] CORREIA, Victor – **Da Privacidade**: Significado e Valor. Editora Almedina: Coimbra, 2018. ISBN 978-972-40-77-4. P. 52.

Tratando-se o direito de personalidade de um direito universal, todas as pessoas o possuem pelo simples facto de serem pessoas, independentemente de crenças ou de qualquer outro facto íntimo. É importante frisar que, mesmo constituindo um direito universal e inerente a todos os seres humanos, este pode sofrer limitações, como no caso do indivíduo que é suspeito do cometer terrorismo e que verá a sua privacidade violada em prol da coletividade. Além disso, este consiste num direito de atuação negativa, sendo que, para a sua concretização, é necessária uma abstenção do Estado e dos demais indivíduos, tendo o detentor do direito de privacidade o direito a exigir dos outros tal comportamento.[101]

Na seguinte abordagem procurar-se-á apresentar uma evolução internacional e humana diante de legislações portuguesas e brasileiras, fazendo uma correlação entre as mesmas. A proteção de dados também evoluiu para o *status* de direito em Portugal, possuindo este país uma legiferação ativa e permanente quando se trata de regulação do *ciber* que, por consequência, visa também a proteção de dados e preservação da privacidade. No Brasil, a situação é completamente diferente no que à legislação e direito comparado direcionado à proteção de dados diz respeito; este processo tem ainda pouco desenvolvimento, mas encontra-se, ainda assim, ativo. Conclui-se, portanto, que muitos países e/ou blocos acordaram há bastante tempo para a proteção de dados enquanto direito, tema que será abordado neste capítulo. Será também feita uma análise da evolução da privacidade e da proteção de dados como direito, direcionando as considerações ao ambiente europeu com enfoque em Portugal, havendo ainda lugar a uma comparação com o *status* brasileiro.

Uma pessoa tem proteção total diante da sua propriedade mas, para tal, precisa de provar que a sua propriedade realmente lhe pertence, devendo esse reconhecimento ser feito, não só entre particulares, mas também diante do poder público.[102] De forma diferente são consideradas as emoções humanas transferidas ao escopo pessoal, denominado "personalidade".[103] Louis D. Brandeis e Samuel Warren publicaram, em 1890, o artigo:

[101] *Idem – Ibidem.*

[102] WARREN, Samuel D.; BRANDEIS, Louis D. – **The Right to Privacy**. Vol. 4, No. 5. Harvard Law Review: [Em linha]. 1890. [Consult. 20 nov. 2018]. Disponível em:. p. 194.

[103] *Idem – Op. Cit.* p. 195

"O Direito à Privacidade" pela Harvard Law Review, que se tornou no primeiro grande artigo a defender um direito legal à privacidade.[104]

As recentes criações na área da informação fazem-nos pensar na proteção futura do indivíduo e em que circunstâncias deverá ser protegido o direito de cada um estar sozinho. Mesmo que essa informação reflita a nossa atualidade, Brandeis, no artigo anteriormente citado, conseguiu influenciar fortemente o artigo 12 da Declaração Universal dos Direitos Humanos[105], o qual determina que:[106]

> Ninguém será sujeito à interferência na sua vida privada, na sua família, no seu lar ou na sua correspondência, nem a ataque à sua honra e reputação. Todo ser humano tem direito à proteção da lei contra tais interferências ou ataques. Fortalecendo, então, o direito à privacidade, diante da inviolabilidade da vida privada, das correspondências e, por consequência, das comunicações.

Quase 30 anos depois, em 1928, após o surgimento e popularização do telefone, foi inventada a possibilidade das escutas telefónicas. Isso levou a que, posteriormente, num caso nos Estados Unidos da América, na Suprema Corte de Justiça, Brandeis defendesse o direito constitucional à privacidade numa relação direta em Olmstead v. Estados Unidos. Neste processo, estava em causa uma evidência num julgamento criminal a respeito de uma conversa telefónica incriminadora conduzida voluntariamente pelo acusado e secretamente ouvida por um funcionário público. No caso, o acusado seria uma testemunha contra si mesmo, violando assim a Quinta Emenda.[107] "O progresso da ciência no fornecimento de meios de espionagem ao governo não deve parar com escutas telefônicas", escreveu Brandeis em Olmstead, referindo-se a um caso no qual o governo colocava, ilegalmente, as conversas de um suspeito de contrabando sob

[104] EXYN – **Privacy e Data Protection Foundation.** [Em linha]. 2018. [Consult. 10 out. 2018]. Disponível em:

[105] BURROWS, Leah – **To be let alone: Brandeis foresaw privacy problems.** [*APUD* Louis D. Brandeis]. What would the privacy-law champion make of surveillance programs like PRISM?. [Em linha]. 2013. [Consult. 20 nov. 2018]. Disponível em:

[106] UNICEF – **Declaração Universal dos Direitos Humanos.** [Em linha]. 1948. [Consult. 20 nov. 2018]. Disponível em:

[107] Quinta Emenda. P. 277 U.S. 462.

escuta. "Um dia poderá ser desenvolvido um meio pelo qual o governo, sem remover documentos de gavetas secretas, pode reproduzi-los em tribunal e, com isso, poderá expor ao júri as ocorrências mais íntimas do lar".[108]

Hoje, vive-se noutro patamar quando se trata de privacidade relativamente às tecnologias em vigor e às que surgem a todo o momento. Quando Edward Snowden, ex-funcionário da NSA, revelou que a agência de segurança dos Estados Unidos da América conduz uma vigilância permanente e massiva dos registos telefónicos e da Internet de milhões de americanos e também de pessoas fora do país, reacendeu o debate sobre o direito de um cidadão à privacidade e a necessidade cada vez maior de uma conformidade nesta área.[109]

Brandeis, além de advogado, era jurista, assim como a figura mais importante na História quando se trata sobre o conceito de privacidade. Além de interpretar um direito constitucional voltado à privacidade, também foi o primeiro jurista a reconhecer a ameaça que a tecnologia poderia impor aos cidadãos. Brandeis tinha uma perspetiva à frente do seu tempo e, consciente do papel que a tecnologia desempenharia na evolução dos padrões legais, previa que esta viesse a causar um impacto profundo na forma de legiferação e aplicabilidade legal.[110]

Segundo Leah Burrows, é como se Brandeis[111] conseguisse prever os massivos programas de exploração de dados eletrónicos e monitorização de conteúdos na internet que ocorrem a todo o momento, seja por pessoas singulares, coletivas ou, principalmente, por Estados. Brandeis quereria proteger os cidadãos da invasão das suas vidas privadas, preocupando-se com o acúmulo de dados que poderiam ser usados por terceiros não autorizados para comprometer a privacidade individual de pessoas singulares. Este contemplava apenas o bem-estar do privado, não entendendo que muitas vezes essa monitorização poderia causar uma maior segurança pública para a nação.

[108] BURROWS, Leah [*APUD* BRANDEIS] – **To be let alone: Brandeis foresaw privacy problems.** *Ibidem.*

[109] *Idem – Ibidem.*

[110] *Idem – Ibidem.*

[111] BURROWS, Leah [*APUD* BRANDEIS] – **To be let alone: Brandeis foresaw privacy problems.** *Ibidem.*

A veloz evolução no processamento de dados, bem como a facilitação no acesso às tecnologias de informação aceleraram, em 1970, o desenvolvimento daquela que hoje é a União Europeia, fortalecendo o comércio internacional. Surgiu, neste momento, uma dupla preocupação que se resumia em questões antagónicas, visto que, ao mesmo tempo que era necessário promover a proteção dos dados individuais frente ao grande fluxo de informações internacionais, o comércio internacional precisava de liberdade para se desenvolver e fluir. Caso contrário, tal procedimento poderia acabar por travar o comércio em transfronteiras e fazer com que a privacidade referente os dados pessoais das pessoas singulares fossem violados.[112]

A iniciativa de harmonizar a relação entre o comercio internacional e a privacidade dos dados das pessoas partiu da Organização para a Cooperação e Desenvolvimento Económico – OCDE, no ano de 1980. Esta entidade criou diretivas direcionadas para a Proteção da Privacidade e Fluxos entre fronteiras de Dados Pessoais, denominadas *Guidelines on the Protection of Privacy and Trans-border flows of Personal Data*, consolidadas um ano depois no Tratado de Estrasburgo. Todavia, essa questão constituía, ainda assim, um problema. Desta forma, a fim de se resolver tal empasse, foi criada a "Diretiva de Proteção de Dados" 95/46/EC e, no ano de 2002, a Carta dos Direitos fundamentais da UE trouxe expressamente a proteção de dados pessoais e da privacidade como direitos fundamentais.[113]

Todavia, o processamento de dados aumentava constantemente diante do processo de Globalização e transformação digital, ponto que será abordado mais adiante. Em contrapartida, o comércio internacional foi prejudicado porque, mesmo tendo os atos normativos nos Estados-Membros como base a Diretiva 95/46/EC, eram ainda muito diversos, fazendo com que as relações de negócios e os procedimentos para proteção de dados fossem bastante diversificados, ficando longe de constituir um padrão. Devido ao facto mencionado, após anos de debate sobre a temática, a União Europeia assistiu, em 25 de maio de 2018, à entrada em vigor do Regulamento Geral de Proteção de Dados, que revogava a diretiva supracitada.[114]

[112] EXYN – **Privacy e Data Protection Foundation.** *Ibidem.*

[113] *Idem – Ibidem.*

[114] LÓSSIO, Claudio Joel Brito – *Ibidem.*

Contudo, durante estes tempos distintos, pode-se dividir a invasão à privacidade em dois momentos: um anterior à existência do ciberespaço e o outro que decorre atualmente. Como exemplo do primeiro momento, podemos falar sobre a invasão de propriedade, que constitui uma clara violação do direito à privacidade. No momento atual, porém, podemos observar uma diminuição ou total retirada de direitos de privacidade, tendo em consideração as tecnologias existentes que facilitam essa intrusão[115] por meios informáticos. Esta situação causa violação e/ou fuga de dados por imprudência, imperícia ou negligência, factos que ocorrem comummente quando não se procura a aplicação da conformidade digital para a privacidade destes conteúdos. Por consequência, atinge-se o máximo de plenitude quando se trata de preservação de direitos, liberdades e garantias de um indivíduo.

Essa evolução será apresentada de forma mais detalhada diante de cada procedimento basilar para a evolução da Privacidade como um Direito fundamental, conforme apresentado neste *caput*, que inicia agora com a Declaração Universal dos Direitos do Homem.

2.1. Declaração Universal de Direitos Humanos de 1948 – DUDH

A proteção dos direitos humanos é função do próprio Estado, estando, inclusive, presente na maioria das constituições de Estados democráticos. Para que esses direitos sejam protegidos e assegurados, o Estado tem o papel de encontrar aqueles que violem estes direitos e puni-los, a fim de garantir as liberdades individuais fundamentais. É claro perceber a violação de direitos quando de um crime comum contra os cidadãos de uma nação se trata, mas a violação dos direitos humanos é praticada por aqueles que detêm o poder, seja por ação ou omissão. Assim, quem governa possui o dever de proteger o povo. Portanto, podemos considerar que a violação de direitos humanos ocorre, exista intervenção ou não por parte do Estado na vida privada do seu povo. Exemplo disso é quando o Estado dita o que os seus cidadãos devem ou não vestir, permite que estes morram de fome[116], ou monitoriza as comunicações cibernéticas, violando, assim, o

[115] CORREIA, Victor – **Da Privacidade**: Significado e Valor. *Op. Cit.* P. 74.

[116] FRIEDMAN, Mark – **Direitos Humanos**. São Paulo: Hedra Educação, 2013. ISBN: 978856520677-8. p. 7.

seu direito à privacidade previsto, tanto na DUDH, quanto na sua própria Constituição.

Mesmo datando A Declaração Universal dos Direitos Humanos de 10 de dezembro de 1948, possui um texto bem atual quando se trata do direito das pessoas à privacidade. O seu artigo 12, *in verbis*,procura tutelar direitos fundamentais, voltados à inviolabilidade da vida privada e das comunicações:

> Ninguém sofrerá intromissões arbitrárias na sua vida privada, na sua família, no seu domicílio ou na sua correspondência, nem ataques à sua honra e reputação. Contra tais intromissões ou ataques toda a pessoa tem direito a protecção da lei.[117]

O texto anteriormente citado está diretamente relacionado com o combate ao conteúdo acessível a qualquer indivíduo e que possa causar alguma intromissão ou ataque pessoal, civilmente denominado de dano moral, seja esse expresso na nossa sociedade convencional ou no ambiente cibernético. A amplitude de proteção do artigo 12 da Declaração Universal dos Direitos Humanos é bastante vasta dado que se pode, apenas através da sua leitura, ter o pleno entendimento da competência que este abrange.

A Declaração Universal dos Direitos Humanos, no seu Artigo XIX[118], versa diretamente que as pessoas singulares não devem sofrer interferências, sendo invioláveis a liberdade de expressão e o direito a receber e transmitir informações e ideias sem limite de fronteiras; *in verbis*: "Todo ser humano tem direito à liberdade de opinião e expressão; esse direito inclui a liberdade de, sem interferência, ter opiniões e de procurar, receber e transmitir informações e ideias por quaisquer meios e independentemente de fronteiras.".

[117] **DECLARAÇÃO Universal dos Direitos Humanos**. 1948. [Em Linha]. [Consult. 19 set. 2018] Disponível em:

[118] Declaração Universal dos Direitos Humanos. **Artigo XIX:** "Todo ser humano tem direito à liberdade de opinião e expressão; esse direito inclui a liberdade de, sem interferência, ter opiniões e de procurar, receber e transmitir informações e ideias por quaisquer meios e independentemente de fronteiras." [Em linha]. [Consult. 05 dez. 2017]. Disponível em. **p. 10.**

O Artigo XII[119] também é direcionado ao Direito à Privacidade, versando que ninguém verá a sua vida privada ou as suas correspondências interferidas, independente do local de aplicação – mundo físico ou lógico. Além disso, todos os seres humanos têm direito à proteção legal diante de tais ataques e intromissões nas suas particularidades.

A ordem social e internacional é um direito do ser humano e está também protegido na Declaração Universal dos Direitos Humanos, mais precisamente no Artigo XXVIII,[120] que defende a preservação da inviolabilidade da vida privada, correspondências e informação, independentemente do meio de veiculação.

Assim, os Direitos Humanos vêm para tutelar direitos fundamentais de pessoas em todo o mundo, sendo essa tutela distribuída em cinco dimensões: a primeira, relacionada com a proteção das liberdades individuais; a segunda, direcionada aos direitos sociais, como a saúde e a educação[121]; a terceira, voltada para a coletividade, como o direito a paz e ao meio ambiente, sendo a força da solidariedade e fraternidade;[122] a quarta, relacionada com o direito à democracia, ao pluralismo, à bioética e à informação. Note-se que, nesse ponto, a informação já surge no âmbito do direito fundamental de informar e de ser informado.[123] Por fim, a quinta dimensão traz a internet como um crescente instrumento de comunicação e de promoção de informação, acabando por atingir uma popularidade tão grande que se agregou à Cibernética, ciência que estuda a relação

[119] Declaração Universal dos Direitos Humanos. **Artigo XII:** "Ninguém será sujeito à interferência na sua vida privada, na sua família, no seu lar ou na sua correspondência, nem a ataque à sua honra e reputação. Todo ser humano tem direito à proteção da lei contra tais interferências ou ataques." [Em linha]. [Consult. 05 dez. 2017]. Disponível em. **p. 08.**

[120] Declaração Universal dos Direitos Humanos. **Artigo XXVIII:** "Todo ser humano tem direito a uma ordem social e internacional em que os direitos e liberdades estabelecidos na presente Declaração possam ser plenamente realizados." [Em linha]. [Consult. 05 dez. 2017]. Disponível em. **p. 15.**

[121] BONAVIDES, Paulo. **Curso de Direito Constitucional.** 19 ed. Editora Malheiros: São Paulo, 2006. p. 563.

[122] OLIVEIRA JUNIOR, José de Anchieta – **A importância dos Direitos Fundamentais para o Direito.** 2017. [Em linha]. Acedido em 15 mar. 2018. Disponível em:

[123] BOBBIO, Norberto – **A Era dos Direitos.** Rio de Janeiro: Campus, 1992. p. 06.

entre homens e máquinas e a informação diante desse novo sítio digital, denominado espaço cibernético.[124]

No que diz respeito à terceira dimensão, Fábio Konder Comparato expressa que ocorre uma solidariedade técnica no processo de globalização devido também à comunicação e que esse processo pode determinar a construção de um novo modelo de cidadania mundial condicionado pela homogeneização universal de práticas estatais. Anteriormente a este tipo de comunicação, a forma de trabalhar, produzir, trocar bens trazendo uma relação sem dominação nem dominados, de forma individual ou coletiva, era bastante distinta.[125]

Perante a Era Digital, a busca por regulamentação do espaço cibernético num local real inicia-se com um pensamento e estudo que permitam atingir essa quinta dimensão – a preocupação de garantir direitos fundamentais como a inviolabilidade da vida privada, da intimidade, das comunicações, assim como a informação no ambiente digital.

2.2. Convenção Europeia dos Direitos Humanos de 1950 – CEDH

Em Roma, corria o ano 1950, os signatários do conselho da Europa, considerando a importância da Declaração Universal dos Direitos do Homem, que procura assegurar e reconhecer a aplicação e efetivação dos direitos nesta elencados, decidiram formar a Convenção Europeia dos Direitos Humanos.

Esta convenção trouxe, no seu artigo oitavo,[126] o direito ao respeito pela vida privada e familiar, fortalecendo, no âmbito europeu, o direito à

[124] OLIVO, Luís Carlos Cancellier de. "Aspectos Jurídicos do Comércio Eletrônico". In: ROVER, Aires José (Org.) – **Direito, sociedade e informática**. Limites e perspectivas da vida digital. Florianópolis: Fundação Boiteaux, 2000. p. 60.

[125] COMPARATO, Fábio Konder – **A Afirmação Histórica dos Direitos Humanos**. "A solidariedade técnica traduz-se pela padronização de costumes é modos de vida, pela homogeneização universal das formas de trabalho, de produção e troca de bens, pela globalização dos meios de transporte e de comunicação. Paralelamente, a solidariedade ética, fundada sobre o respeito aos direitos humanos, estabelece as bases para a construção de uma cidadania mundial, onde já não há relações de dominação, individual ou coletiva". *Op. Cit.* P. 51.

[126] Convenção Europeia dos Direitos Humanos. **Artigo 8º**. "Direito e respeito a vida privada e familiar: 1. Qualquer pessoa tem direito ao respeito da sua vida privada e familiar, do seu domicílio e da sua correspondência. 2. Não pode haver ingerência da autoridade pública no exercício deste direito senão quando esta ingerência estiver prevista na lei e constituir uma providência que, numa sociedade democrática, seja necessária para a segurança nacional, para

privacidade – antes previsto no Artigo XII da DUDH –, para com isso a efetivar e assegurar a privacidade como direito fundamental na Europa.

O respeito e o direito à vida privada e familiar são expressos na CEDH, que no seu inciso primeiro refere que: "Qualquer pessoa tem direito ao respeito da sua vida privada e familiar, do seu domicílio e da sua correspondência." Observe-se seguidamente o que defende o seu inciso segundo:

> Não pode haver ingerência da autoridade pública no exercício deste direito senão quando esta ingerência estiver prevista na lei e constituir uma providência que, numa sociedade democrática, seja necessária para a segurança nacional, para a segurança pública, para o bem – estar económico do país, a defesa da ordem e a prevenção das infrações penais, a proteção da saúde ou da moral, ou a proteção dos direitos e das liberdades de terceiros.[127]

Prevê-se, assim, que numa sociedade democrática, salvaguardados a moral, os direitos e as liberdades de terceiros, o direito à privacidade estará protegido, posto que este faz parte das liberdades individuais e deve ser garantido e protegido pelo Estado.

2.3. Constituição da República Portuguesa de 1976

A Constituição da República Portuguesa de 1976 é imperiosa quando defende a privacidade e a proteção das pessoas singulares contra quaisquer formas de discriminação, mais precisamente no Artigo 26º, 1.[128] Essa garantia é ampliada no inciso 2[129], incluindo a utilização de informações

a segurança pública, para o bem – estar económico do país, a defesa da ordem e a prevenção das infracções penais, a protecção da saúde ou da moral, ou a protecção dos direitos e das liberdades de terceiros".

[127] Convenção Europeia dos Direitos Humanos – *Ibidem*.

[128] CONSTITUIÇÃO da República Portuguesa de 1976, de 10 de abril. 4ª ed. Coimbra: Almedina, 2017. ISBN 978-972-40-6867-1. **Artigo 26º (Outros direitos pessoais), inciso 1**: "1. A todos são reconhecidos os direitos à identidade pessoal, ao desenvolvimento da personalidade, à capacidade civil, à cidadania, ao bom nome e reputação, à imagem, à palavra, à reserva da intimidade da vida privada e familiar e à protecção legal contra quaisquer formas de discriminação."

[129] Idem – **Artigo 26º (Outros direitos pessoais), inciso 2:** "A lei estabelecerá garantias efectivas contra a obtenção e utilização abusivas, ou contrárias à dignidade humana, de informações relativas às pessoas e famílias."

de forma abusiva assim como a obtenção de forma de abusar da dignidade da pessoa humana.

É mister essa preocupação da Constituição da República Portuguesa de 1976 para com a regulação da obtenção e uso de informações de pessoas singulares. Torna-se, deste modo, uma versão prévia do que versa o Regulamento Geral de Proteção de Dados da Europa, também incorporado por Portugal, pois este regula de uma forma ampla a direção prevista no Artigo 26.2, anteriormente apresentado.

Seguindo a apresentação direcionada à privacidade, o artigo 34, inciso 1 desta Lei Fundamental[130] versa sobre a inviolabilidade do domicílio e da correspondência, publicando que a correspondência deve estar sob sigilo e que as comunicações privadas são invioláveis. Estes termos garantem, de forma fundamental, que a privacidade deve ser preservada, alargando este conceito diretamente à correspondência e comunicações por meio do ciberespaço.

Este facto é referido no Artigo 35[131] da Constituição, no qual é abordada a constitucionalização da proteção de dados em Portugal[132] no que

[130] Idem – **Artigo 34º** (Inviolabilidade do domicílio e da correspondência), **inciso** "1. O domicílio e o sigilo da correspondência e dos outros meios de comunicação privada são invioláveis."

[131] Idem – **Artigo 35º (Utilização da Informática):** "1. Todos os cidadãos têm o direito de acesso aos dados informatizados que lhes digam respeito, podendo exigir a sua rectificação e actualização, e o direito de conhecer a finalidade a que se destinam, nos termos da lei. 2. A lei define o conceito de dados pessoais, bem como as condições aplicáveis ao seu tratamento automatizado, conexão, transmissão e utilização, e garante a sua protecção, designadamente através de entidade administrativa independente. 3. A informática não pode ser utilizada para tratamento de dados referentes a convicções filosóficas ou políticas, filiação partidária ou sindical, fé religiosa, vida privada e origem étnica, salvo mediante consentimento expresso do titular, autorização prevista por lei com garantias de não discriminação ou para processamento de dados estatísticos não individualmente identificáveis. 4. É proibido o acesso a dados pessoais de terceiros, salvo em casos excepcionais previstos na lei. 5. É proibida a atribuição de um número nacional único aos cidadãos. 6. A todos é garantido livre acesso às redes informáticas de uso público, definindo a lei o regime aplicável aos fluxos de dados transfronteiras e as formas adequadas de protecção de dados pessoais e de outros cuja salvaguarda se justifique por razões de interesse nacional. 7. Os dados pessoais constantes de ficheiros manuais gozam de protecção idêntica à prevista nos números anteriores, nos termos da lei."

[132] MASSENO, Manoel David – **Os Fundamentos e as Fontes**. 2018. [Em Linha]. [Consult. 13 ago. 2019]. Disponível em:

à utilização da informática é respeitante. Neste artigo, mais precisamente no inciso 1, está já implícito que o titular dos dados poderá exigir a retificação e alteração, assim como saber a finalidade da solicitação dos dados.[133]

Já o inciso 2 desse mesmo artigo traz previsão sobre o conceito de dados pessoais, transmissão e utilização, tratamento automatizado, assim como a garantia à proteção dos titulares através de uma entidade administrativa independente.[134]

São abordadas, no inciso seguinte, acerca dos dados sensíveis, "convicções filosóficas ou políticas, filiação partidária ou sindical, fé religiosa, vida privada e origem étnica", assim como a necessidade de consentimento expresso, para que garanta que a prática de discriminação não ocorra, como também não haja processamento de dados estatísticos individualizados.[135]

Ainda sobre a proteção de dados, deverá ser vedado o acesso a dados pessoais por terceiros – tanto em âmbito digital, quanto em ambiente físico[136-137]-, salvo em casos excecionais, como razões de interesse nacional.[138] Além disso, não é permitido ao cidadão possuir um único número

[133] CONSTITUIÇÃO da República Portuguesa de 1976, de 10 de abril. – **Artigo 35º (Utilização da Informática):** "1. Todos os cidadãos têm o direito de acesso aos dados informatizados que lhes digam respeito, podendo exigir a sua rectificação e actualização, e o direito de conhecer a finalidade a que se destinam, nos termos da lei."

[134] Idem – "2. A lei define o conceito de dados pessoais, bem como as condições aplicáveis ao seu tratamento automatizado, conexão, transmissão e utilização, e garante a sua protecção, designadamente através de entidade administrativa independente."

[135] Idem – "3. A informática não pode ser utilizada para tratamento de dados referentes a convicções filosóficas ou políticas, filiação partidária ou sindical, fé religiosa, vida privada e origem étnica, salvo mediante consentimento expresso do titular, autorização prevista por lei com garantias de não discriminação ou para processamento de dados estatísticos não individualmente identificáveis."

[136] Idem – "7. Os dados pessoais constantes de ficheiros manuais gozam de protecção idêntica à prevista nos números anteriores, nos termos da lei."

[137] Idem – "4. É proibido o acesso a dados pessoais de terceiros, salvo em casos excepcionais previstos na lei."

[138] Idem – "6. A todos é garantido livre acesso às redes informáticas de uso público, definindo a lei o regime aplicável aos fluxos de dados transfronteiras e as formas adequadas de protecção de dados pessoais e de outros cuja salvaguarda se justifique por razões de interesse nacional."

identificador, pois isso facilitaria a identificação direta de uma pessoa singular.

O artigo 35º da Constituição da República Portuguesa é ainda hoje frequentemente atualizado e reforçado, visto que traz definições e regulações direcionada à proteção de dados desde 1976. O Brasil, por sua vez, apenas em 2014 definiu uma regulação que, de forma indireta, apresentou algumas brevíssimas tentativas de conceito acerca de proteção de dados, muito embora longe de um direito fundamental. Vale ressaltar que, desde 1976, o Diploma Fundamental português já fazia referência aos termos "informática" e "dados", sendo que alguns conceitos foram fortalecidos posteriormente por duas revisões constitucionais. A primeira, em 1982, acrescentou os números 2 e 4 e alterou os números 1 e 3 do artigo 35º, fazendo alterações como a substituição de "registos mecanográficos" por "registos informáticos"[139]; já a segunda Revisão Constitucional deu-se pela Lei Constitucional 1/89, que teve como base para as principais alterações a Convenção 108 do Parlamento Europeu, que deu ênfase ao tratamento automatizado.[140]

Ainda acerca do artigo 35º, o mesmo é como se de uma apresentação de normativos de proteção de dados se tratasse. Exemplo disso é o Regulamento Geral de Proteção de dados da Europa, da Lei Geral de Proteção de Dados Pessoais do Brasil e também da Lei 59/2019. Contudo, segundo Canotilho e Vital Moreira, a epígrafe desse artigo está longe de revelar a amplitude das normas nele contidas.[141]

Ao abordar o tratamento de dados, há uma amplitude imensa, pois este não está apenas relacionado com a individualização, fixação e recolha, mas também com a conexão, transmissão, utilização e publicação. O crescimento dos meios tecnológicos fez com que esse artigo fosse inserido com larga amplitude, visto que as pessoas singulares devem ter os seus dados pessoais protegidos e garantidos em face do uso abusivo ou não consentido. Direito, liberdades e garantias da proteção de dados são inquestionáveis,

[139] CASTRO, Catarina Sarmento e – **40 anos de "Utilização da Informática" – O artigo 35.º da Constituição da República Portuguesa**. 2016. [Em Linha]. [Consult. 20 set. 2019]. Disponível em:

[140] *Idem – Ibidem.*

[141] CANOTILHO, José Joaquim Gomes; MOREIRA, Vital – **CRP: Constituição da República Portuguesa** – Anotada. *Op. Cit.* P. 550.

pois estes dados sob proteção garantem o desenvolvimento pleno da personalidade, dignidade da pessoa, e a intimidade da vida privada;[142] sem proteção de dados não há privacidade face ao conteúdo dos mesmos.

O artigo 35º traz ainda uma imperiosa perceção diante da diferença entre dados pessoais e dados sensíveis. Este segundo conceito constitui uma ligação mais estreita e forte com a dignidade, a personalidade e a autodeterminação das pessoas e devem, por isso, ser tidos maiores cuidados e restrições.[143] A pessoa terá, assim, de saber a razão da recolha do dado, a sua finalidade, e por quanto tempo permanecerá em tratamento, ficando ainda impossibilitada a numeração única para cada pessoa inviabilizando a identificação da mesma.

2.4. Tratado de Estrasburgo de 1981

O Tratado de Estrasburgo de 1981 tem como base o respeito e a preservação dos direito e liberdades fundamentais individuais, entre eles o direito à privacidade das pessoas singulares, devendo cada pessoa procurar o respeito pela privacidade das demais.[144] Não se pode deixar de lembrar e perceber que os dados podem conter material suficiente para conseguir violar a dignidade, a personalidade e/ou a vida privada de um indivíduo. O respeito por estas informações pessoais deve então prevalecer diante dos tratamentos de dados automatizados, relacionando a privacidade deste diploma à proteção de dados, segundo o artigo 1º deste tratado.[145]

Este documento também traz alguns conceitos e ou definições importantes, como os presentes no artigo 2º. Neste estão contidos: dados pessoais, apresentados como os dados passíveis de tornar uma pessoa identificável ou propriamente identificada; processamento automático, que versa sobre quais os dados processados e armazenados, podendo ser de maneira lógica

[142] *Idem – Op. Cit.* p. 550-551.

[143] *Idem – Ibidem.*

[144] EUROPE Counceil – **Convention for the Protecition of Individuals with regard to Automatic Processing of Personal Data**. 1981. [Em linha]. [Consult. 27 nov. 2018]. Disponível em:

[145] EUROPE Counceil – **Convention for the Protecition of Individuals with regard to Automatic Processing of Personal Data**. Artigo 1: "The purpose of this Convention is to secure in the territory of each Party for every individual, whatever his nationality or residence, respect for his rights and fundamental freedoms, and in particular his right to privacy, with regard to automatic processing of personal data relating to him ("data protection")."

ou digital, submetendo-se, ainda assim, a análises de algoritmos para certas determinações de filtro ou exposição. O pensamento e a perceção direcionados à privacidade, e por consequência, a promover a proteção de dados e – o mais interessante –, limitando os algoritmos, já estão previstos, e de forma importantíssima. Não se pode, no entanto, deixar de mencionar que tais conceitos não estão contemplados em alguns normativos de Estados extra signatários.

Os algoritmos estão presentes nos códigos de programação de computadores e podem, através de condicionantes, determinar o futuro de uma ação como, por exemplo, do tratamento de um dado.[146] A busca pela regulamentação dos algoritmos é a base para a regulação de aplicações que se utilizam no âmbito das ciências de dados e inteligências artificiais, como por exemplo as instâncias de *softwares* inteligentes ou robôs.

Este tratado traz também alguns princípios básicos para a proteção de dados, como os princípios da qualidade dos dados, que tratam sobre a veracidade dos mesmos, recolhendo apenas dos dados necessários, com objetivo específico e voltado para determinada finalidade. Noutras palavras, os dados não podem ser recolhidos de forma aleatória, sem finalidade, legalidade, sem limite algum. São igualmente referidas neste documento determinações sobre onde deve ser procurada segurança suficiente para que não ocorram violações de dados, fugas, ou eliminação acidental, devendo os princípios para a segurança da informação ser preservados.

2.5. Diretiva UE 95/46/CE e Lei n. 67/98 de Portugal

Antes de iniciar a abordar sobre a Diretiva 95/46/CE da União Europeia, é necessário perceber que uma Diretiva em vigor nesta entidade necessita de transposição legal nos seus Estados-Membros; assim, não basta ser publicada – deve ser transposta. Em Portugal, essa transposição foi feita através lei 67/98, denominada Lei Proteção de Dados Pessoais.

Na União Europeia, o Direito apresenta-se como totalmente autónomo, não se tratando de uma subespécie. Trata-se, pois, de uma ordem jurídica específica que possui fontes próprias, assim como forma de aplicabilidade. O Direito deste bloco aplica-se aos direitos dos Estados-membros de modo pleno, não possuindo depreciação da sua natureza, além de não ser necessária aceitação para que um normativo da UE atue num Estado-membro.

[146] VERIFICAR – O QUE É ALGORÍTMO?

Encontra-se, ainda assim, acima das normas da ordem interna dos Estados, inclusive da Lei Fundamental. Com isso, a ordem de cada Estado-membro deve estar atenta à legiferação interna para que esta esteja em consonância com o Direito da União Europeia; do mesmo modo como os tribunais interpretam a Lei dentro do seu Estado – de fora para dentro –, assim devem ser analisados primeiramente os normativos da União Europeia, e *a posteriori* os do seu Estado.[147]

Dando continuidade à abordagem anterior, na União Europeia as diretivas constituem normativos obrigatórios que devem ser transpostos para a ordem jurídica do Estado-membro de forma a serem plenamente aplicados. Permite-se, assim, estabelecer o objetivo da sua tutela e fazer o necessário para que esta seja atendida de forma completa pelo Estado.[148] O regulamento é autónomo e por isso é aplicado de forma plena e íntegra e de modo diferente do processo da diretiva. Significa isto que este não precisa de uma transposição para a ordem jurídica nacional. Contudo, é importante referir que pode ser necessária a criação de medidas complementares para que um regulamento seja cumprido de forma plena em âmbito nacional, como a Lei 58/2019 em relação ao RGPD.[149]

A Diretiva 95/46/CE é publicada pelo parlamento da União Europeia com o intuito de fortalecer as liberdades, garantias e direitos aos povos que compõem os Estados-membros, acautelando a inviolabilidade da privacidade quando se trata de dados pessoais. O seu artigo 1º, inciso 1, discorre diretamente sobre a necessidade de conformidade desta diretiva para que seja respeitado o tratamento de dados[150]. O termo "conformidade" pode ser referido como "*Compliance*", e quando se trata do ambiente cibernético

[147] NEVES, Miguel Santos et al. **Introdução ao Direito.** Coimbra: Almedina, 2018. ISBN 978-972-40-6474-1. p. 79

[148] MINISTÉRIO de Negócios Estrangeiros – **Manual de Boas Práticas para a Negociação, Transposição e Aplicação de Legislação da União Europeia**. 2018. [Em linha]. [Consult. 07. Set. 2018]. Acedido em. p. 08.

[149] *Idem – Op. Cit.* p. 09.

[150] PARLAMENTO Europeu e do Conselho. **Directiva 46/95/CE**, de 24 de outubro. "1. Os Estados-Membros garantirão, em conformidade com o disposto na presente diretiva, a proteção das liberdades e dos direitos fundamentais das pessoas singulares e, em particular, do direito à privacidade no que diz respeito ao tratamento de Dados pessoais". [Em Linha]. [Consult. 17 set. 2019]. Disponível em:

digital, esse conceito é designado "*Compliance* Digital". Esta expressão encontrar-se-á conceituada de uma forma mais ampla posteriormente no devido capítulo.

Conforme dito previamente, a transposição desta diretiva no Estado Português fez surgir a Lei 67/98 – denominada Lei de Proteção de Dados Pessoais –, que traz como princípio geral o seguinte: "O tratamento de dados pessoais deve processar-se de forma transparente e no estrito respeito pela reserva da vida privada, bem como pelos direitos, liberdades e garantias fundamentais."[151]. Este diploma vem reforçar, assim, uma cultura de proteção de dados já internamente determinada pelo artigo 35º da Constituição da República Portuguesa de 1976.

A procura pela tutela dos direitos, liberdades e garantias fundamentais através da proteção de dados, como referido, já faz parte da cultura no velho mundo. O mesmo não sucede no novo mundo, mais especificamente no Brasil, onde apenas existe uma lei publicada direcionada à tutela da proteção dos dados pessoais de forma direta – a Lei 13.709 de 14 de agosto de 2018.

2.6. Carta dos Direitos Fundamentais da União Europeia de 2000

A Carta dos Direito Fundamentais da União Europeia tem, entre outras finalidades, a de informar de que a dignidade do ser humano é inviolável, mais exatamente no seu artigo 1º.[152] Mas, se este diploma protege a dignidade das pessoas singulares, primeiramente deve-se entender o que este termo significa. Pode-se, então, afirmar que a fuga e violação de dados pessoais pode ser um grande trunfo ou contributo para violar ou ameaçar a dignidade do indivíduo. Visto que o ambiente cibernético pode armazenar fotos, conversas, ou qualquer outro dado e/ou informações de caráter privado que podem determinar o futuro de alguém, a fuga destes dados poderá culminar em situações praticamente irreversíveis quando se fala de dignidade e privacidade.

[151] PORTUGAL. **Lei n. 67/98**, de 26 de outubro. Lei da Proteção de Dados Pessoais. [Em Linha]. [Consult. 17 set. 2019]. Disponível em:

[152] EUROPE Couceil – **Carta dos Direito Fundamentais da União Europeia**. 2002. [Em linha]. [Consult. 27 nov. 2018]. Disponível em: http://www.europarl.europa.eu/charter/pdf/text_pt.pdf

Para uma melhor compreensão, o conceito de dignidade fará parte da seara deste subtópico. A dignidade da pessoa humana é um tema extremamente subjetivo, visto que um mesmo ato poderá constituir uma violação da dignidade para alguns e ser normalmente acatado por outros. Tal sucede mesmo que quem pratica o ato tenha o intuito de elogiar. É, portanto, difícil elencar o que faz parte da dignidade da pessoa humana, pois o contexto desta ação poderá definir se está a ocorrer ou não uma violação deste princípio.[153]

Segundo Victor Correia, existem duas espécies de dignidade: a primeira, a dignidade relativa a uma profissão e ao direito ao respeito pelos próprios profissionais e pelos demais indivíduos da sociedade; a segunda, a dignidade inerente ao simples facto de se ser uma pessoa, sendo essa a que interessa nesta escrita. O direito à dignidade, assim como à própria privacidade, não é perdido quando o indivíduo, em qualquer situação, fere a sua própria dignidade. Neste caso, deve o Estado protegê-lo contra lesões de outros que não ele. A dignidade pessoal pode ser ferida quando há uma violação da privacidade, mas é preciso salientar que nem sempre o direito à integridade estará em consonância e fará parte do direito à dignidade. Existirão, deste modo, situações em que estará presente um conflito entre ambos e, em cada caso específico, um deverá prevalecer sobre o outro;[154] como quando ocorre um conflito entre direitos fundamentais.

O autor Ingo Sarlet conceitua, na sua obra *Dignidade da pessoa humana e direitos fundamentais*, da seguinte forma a dignidade da pessoa humana:

> é distinta a cada pessoa, a cada sociedade, e assim implica diretamente em como o Estado tratará tal facto. A busca poderá ser feita com base na eliminação do que seja degradante ou desumano para alguém, assim promovendo meios para garantir condições existenciais mínimas para que cada pessoa possua uma vida saudável.[155]

[153] BARROSO, Luís Roberto – **Neoconstitucionalismo**. Disponível em. Acesso em: 10 mar. 2018.

[154] CORREIA, Victor – **Da Privacidade**: Significado e Valor. *Op. Cit.* P. 105.

[155] SARLET, Ingo Wolfgang – **Constituição e Proporcionalidade**: o direito penal e os direitos fundamentais entre proibição de excesso e de insuficiência. 2005. Disponível em:. Acesso em: 24 ago. 2016.

Emanuel Kant refere nos seus escritos que a dignidade de alguém é aquilo que não possui valor económico ou inalienável pois o homem, como animal racional, poderá delimitar tal situação para si mesmo. Assim, uma coisa poderá ter um preço ou uma dignidade. Quando uma coisa tem um preço, poderá ser substituída por algo equivalente, mas quando essa coisa possui um preço infinitamente elevado ou não é passível de atribuição de um valor monetário, não existindo equivalência de outra coisa para substituí-la, então esta possuirá cunho de dignidade.[156]

A dignidade da pessoa humana está relacionada com o indivíduo em concreto, seja ele homem ou mulher. Esta é inerente à proteção da vida da pessoa, tem caráter inviolável, e dispõe de igual valor, independentemente de quem a possua. A dignidade pertence ao indivíduo desde o seu nascimento ou até mesmo desde o momento da sua conceção. A proteção em si não é suficiente, pelo que é necessário concretizá-la através de ações que promovam essa dignidade, como a proteção da saúde do indivíduo, disponível e com qualidade. Essa proteção diz respeito ao ser vivo propriamente dito, bem como aos bens da vida, sejam embriões ou células.[157]

Voltando à Carta dos Direitos Fundamentais da União Europeia, esta menciona no seu artigo 7º, *in verbis*, que "Todas as pessoas têm direito ao respeito pela sua vida privada e familiar, pelo seu domicílio e pelas suas comunicações."[158] Esta afirmação vem reforçar a Declaração Universal dos Direitos do Homem, visto que tem como conceção a preservação e o respeito pela vida privada, assim como a inviolabilidade das comunicações pessoais.

Já no seu artigo 8º[159], é claro o pensamento voltado diretamente à proteção de dados, tratando acerca da salvaguarda deste direito e do tratamento adequado destas informações, com o devido consentimento

[156] KANT, Immanuel – **Fundamentação da metafísica dos costumes e outros escritos**; Tradução de Leopoldo Holzbach – São Paulo: Martin Claret, 2004. P. 46.

[157] MIRANDA, Jorge – **Direitos Fundamentais.** *Op. Cit.* p. 225.

[158] **Carta dos Direito Fundamentais da União Europeia.** *Ibidem.*

[159] **Idem** – Artigo 8º. "1. Todas as pessoas têm direito à protecção dos dados de carácter pessoal que lhes digam respeito. 2. Esses dados devem ser objecto de um tratamento leal, para fins específicos e com o consentimento da pessoa interessada ou com outro fundamento legítimo previsto por lei. Todas as pessoas têm o direito de aceder aos dados coligidos que lhes digam respeito e de obter a respectiva rectificação. 3. O cumprimento destas regras fica sujeito a fiscalização por parte de uma autoridade independente.

do seu titular, cabendo perceber o que poderá ser retificado ou fiscalizado por uma agência reguladora.

O parágrafo anterior parece até retirado do Regulamento Geral de Proteção de Dados da Europa, servindo como complemento do artigo 35º da Constituição da República Portuguesa de 1976. Este será, no entanto, abordado mais adiante, visto que traz como um dos seus princípios o consentimento, a retificação e a proteção de dados.

É muito interessante perceber que a Europa possui, desde 2000, um dispositivo que procura proteger a privacidade no âmbito da proteção de dados, para além do constante na Diretiva da Constituição da República Portuguesa. Esta questão é, no entanto, abordada de uma forma mais explicativa e clara na Carta dos Direitos Fundamentais da Europa. Noutros locais, como o Brasil, tal não acontece, pois apenas em 2018 veio a surgir legislação voltada diretamente à proteção de dados com a lei 13.709, Lei de Proteção de Dados Pessoais. É certo que já estavam contidos, tanto na Constituição da República de 1988 do Brasil, quanto na Lei do Marco Civil da Internet de 2014, os princípios da preservação da vida privada, da intimidade, da personalidade, da inviolabilidade das comunicações e das correspondências, mas nada direcionado de forma plena para a proteção de dados.

Olhando para a ciberespaço e para as infinitas possibilidades de fazer com que a dignidade de um indivíduo seja violada através de fuga de dados, é imperioso que a Carta dos Direitos Fundamentais da União Europeia trate com ênfase a dignidade da pessoa humana. Só assim, estando a dignidade intrinsecamente ligada ao conceito de privacidade, se pode robustecer os direitos, liberdades e garantias fundamentais das pessoas. Por consequência, é também importante cuidar para que a proteção de dados seja atingida, questão que deve ser lembrada no contexto da busca pela conformidade – *Compliance* Digital – nos normativos nacionais vigentes junto de padrões internacionais de segurança para o ciberespaço.

2.7. Constituição da República do Brasil de 1988

A Constituição Brasileira, logo no seu Artigo 1º, III[160], determina que o direito à dignidade da pessoa humana é um direito fundamental, sendo

[160] CONSTITUIÇÃO Federal Brasileira de 1988, de 05 de Outubro. **Art. 1º, III**: "A República Federativa do Brasil, formada pela união indissolúvel dos Estados e Municípios e do Distrito

esse um dos princípios fundamentais dessa Carta Magna. Com isso, o Estado promove a proteção, procurando garantir a privacidade e paz moral de cada indivíduo, ao mesmo tempo que fortalece a dignidade da pessoa humana. Logo a seguir, no Artigo 5º, X[161], é expressa a inviolabilidade da vida privada, da honra e da imagem das pessoas, sendo que o Estado promoverá proteção e segurança para que tal não ocorra. Assim como em Portugal, também no Brasil, viabilizado no Artigo 5º, inciso XII[162], encontra-se explícito que a correspondência deve ser igualmente sigilosa e inviolável.

No entanto, o termo "proteção de dados" não se encontra presente nestes documentos, pelo que a Constituição da República do Brasil de 1988 não a tem ainda como um Direito Fundamental, muito embora já exista uma PEC que visa atribuir-lhe esta propriedade. Nos termos da PEC 17/19,[163] que procura inserir o seguinte texto neste diploma: "Acrescenta o inciso XII-A, ao art. 5º, e o inciso XXX, ao art. 22, da Constituição Federal para incluir a proteção de dados pessoais entre os direitos fundamentais do cidadão e fixar a competência privativa da União para legislar sobre a matéria."

Com a inserção do texto acima citado na Carta Magna brasileira, haverá o entendimento direto de que a proteção de dados faz parte das garantias, liberdades e direitos fundamentais do povo brasileiro. Como consequência, existirá uma maior presença da tutela de proteção de dados nas próximas

Federal, constitui-se em Estado democrático de direito e tem como fundamentos: III – a dignidade da pessoa humana;". [Em linha] [Consult. 20 Set. 2017]. Disponível em

161 **Idem. Art. 5º, X**: "Todos são iguais perante a lei, sem distinção de qualquer natureza, garantindo-se aos brasileiros e aos estrangeiros residentes no País a inviolabilidade do direito à vida, à liberdade, à igualdade, à segurança e à propriedade, nos termos seguintes: X – são invioláveis a intimidade, a vida privada, a honra e a imagem das pessoas, assegurado o direito a indenização pelo dano material ou moral decorrente de sua violação;". ***Ibidem***.

162 CONSTITUIÇÃO Federal Brasileira de 1988, de 05 de Outubro. **Art. 5º, XII**: "Todos são iguais perante a lei, sem distinção de qualquer natureza, garantindo-se aos brasileiros e aos estrangeiros residentes no País a inviolabilidade do direito à vida, à liberdade, à igualdade, à segurança e à propriedade, nos termos seguintes: **XII** – é inviolável o sigilo da correspondência e das comunicações telegráficas, de dados e das comunicações telefônicas, salvo, no último caso, por ordem judicial, nas hipóteses e na forma que a lei estabelecer para fins de investigação criminal ou instrução processual penal;". – ***Ibidem***.

163 BRASIL. **PEC 17/19**. *Ibidem*.

legiferações no Brasil, manifestando-se, tanto de em alterações, quanto em possíveis novos diplomas.

2.8. Regulamento UE 2016/679 e Lei n. 58/2019 de Portugal

25 de maio de 2018 foi a data em que o RGPD – Regulamento Geral de Proteção de Dados da Europa – entrou em vigor. Esta é a sigla mais amplamente utilizada nos países de língua portuguesa, não invalidando, porém, o uso da sigla GDPR, resultante do inglês *General Data Protection Regulation*. Esse regulamento menciona no seu termo a revogação da Diretiva 46/95/CE que, previamente a este diploma, era o normativo europeu vigente direcionado para a proteção de dados. O foco é proteger os dados dos residentes na União Europeia, sejam eles europeus ou não, o que nos é trazido pelo princípio extraterritorial manifestado como obrigação neste Regulamento.[164]

Essa proteção vem promover o tratamento adequado dos dados anteriormente citados, seja em ambiente digital, seja em ambiente físico. Vive-se, pois, um momento de transformação no nosso padrão social, sendo que, para a sociedade da informação, que conta com uma forte influência digital do espaço cibernético, a massa dos cuidados ocorrerá de forma imperiosa no armazenamento nos bancos de dados de *software* produzido por empresas dedicadas a esta área. Estas empresas deverão, assim, massificar a sua atenção para evitar o desenvolvimento de um *software* com falhas na segurança, bem como para promover as boas práticas e reeducação dos processos e controlo das pessoas que compõem as empresas.

Existem dados pessoais e dados que têm uma maior relação com o poder de violar a dignidade da pessoa humana – os dados sensíveis. Os dados pessoais são aqueles através dos quais se consegue identificar uma pessoa singular: o nome, o número de identificação, uma foto simples, um endereço físico ou eletrónico privado, entre outros. Já os dados sensíveis, conforme citado previamente, têm uma maior possibilidade de violar a dignidade de um indivíduo, sendo exemplo disso os dados

[164] SANTOS, Coriolano Aurélio de Almeida Camargo; CRESPO, Marcelo – **Como será o futuro dos negócios com a vigência do Regulamento Geral de Proteção de Dados Europeu?** 2017. [Em linha] [Consult. 13 dez. 2017]. Disponível em:

da saúde de alguém, como um prontuário médico. Os dados sensíveis são protegidos de forma a que processos de discriminação em razão dos seus titulares sejam evitados, e é por isso que estão relacionados com a saúde, políticas, associações sindicais, entre outros. Não deve ser esquecido que os dados biométricos são os dados que podem identificar uma pessoa no decorrer dos anos, embora constituam características distintas entre os indivíduos: a íris, impressão digital, cálculo da geometria facial, ADN, entre outros dados que identifiquem de forma plena quem é cada um.

Edison Fontes apresenta um breve exemplo da importância da proteção destas informações[165] ao elencar que a hotelaria e as empresas de aluguer de viaturas tratam dados de pessoas que normalmente não pertencem ao Estado onde estão a celebrar contrato. A tratar, então, dados de residentes na União Europeia, mesmo sem acordo de cooperação entre Estados, o mau tratamento por estas pessoas coletivas poderá fazer com que sofram boicotes no caso de os dados pessoais dos possíveis clientes não estarem a ser processados de acordo com o normativo de proteção de dados que os tutelam.

As coimas para os casos acima mencionados poderão ser de 4% sobre a faturação da pessoa que tratou os dados de forma inadequada ao possibilitar, por exemplo, a fuga ou violação dos mesmos. Esse valor poderá atingir um teto de até 20 milhões de Euros, numa tentativa de se provocar uma intimidação desta prática irregular.[166] Pessoas que tratam dados, sejam essas coletivas ou singulares, deverão, de forma a estar em conformidade jurídica e legal, permanecer em permanente aplicação do trabalho de *Compliance*. A procura pela conformidade deve encontrar-se em crescente evolução e, ainda assim, ocorrer de forma contínua, para que esse mecanismo de reestruturação da cultura organizacional tenha como resultado o tratamento adequado e eficiente dos dados.

O princípio da aplicação destas normas fora do território da União Europeia advém da necessidade de indivíduos, também eles de estados

[165] FONTES, Edison. **GDPR – General Data Protection Regulation**. 2018. [Em Linha]. [Consult. 01 mai. 2018]. Disponível em:

[166] **REGULAMENTO (UE) 2016/679 DO PARLAMENTO EUROPEU E DO CONSELHO, de 27 de abril de 2016.** Disponível em:

fora deste círculo, que desejam atuar no mercado Europeu. Como consequência, procuram o *Compliance* diante do Regulamento Geral de Proteção de Dados, precisamente para atingir a preservação deste direito.

O Parlamento Europeu e do Conselho publicou, em 27 de abril de 2016, o Regulamento (UE) 2016/679, mais conhecido como Regulamento Geral de Proteção de Dados. Tem este por objetivo a tutela do direito à proteção de dados das pessoas singulares, trazendo princípios direcionados à conformidade do tratamento de dados. Na consideração 2[167] deste diploma é elencado que as pessoas singulares, independentemente da nacionalidade, deverão ter a tutela dos seus dados, bastando para isso ser residentes na União Europeia. O RGPD – Regulamento Geral de Proteção de Dados da Europa pode então ser considerado um marco fundamental para o tratamento dos dados pessoais, muito embora a União Europeia já tivesse a Diretiva 95/46/CE e, no caso de Portugal, a mesma já estivesse transposta na Lei 67/98.

Já a execução do Regulamento Geral de Proteção de Dados da Europa, denominado Regulamento UE 2016/679, ocorreu diante da criação da Lei 58/2019[168] de Portugal em 8 de agosto de 2019 e viria a assegurar a execução do regulamento na ordem jurídica portuguesa. Não custa lembrar que o fundamento deste diploma é a obtenção da proteção dos dados de pessoas singulares associada ao seu tratamento adequado, bem como à sua livre circulação.

Como mencionado anteriormente, vive-se em tempo de megadados, que se traduzem na grande quantidade de dados criados, transmitidos e recebidos, tudo isto a uma velocidade imensa e com um volume inestimável.

[167] ***Idem*** – (2). "Os princípios e as regras em matéria de proteção das pessoas singulares relativamente ao tratamento dos seus dados pessoais deverão respeitar, independentemente da nacionalidade ou do local de residência dessas pessoas, os seus direitos e liberdades fundamentais, nomeadamente o direito à proteção dos dados pessoais. O presente regulamento tem como objetivo contribuir para a realização de um espaço de liberdade, segurança e justiça e de uma união económica, para o progresso económico e social, a consolidação e a convergência das economias a nível do mercado interno e para o bem-estar das pessoas singulares. Disponível em:. Acedido em: 29 set. 2017.

[168] PORTUGAL – **Lei 58/2019, de 8 de agosto**. [Em Linha]. [Consult. 20 set. 2019]. Disponível em: https://dre.pt/web/guest/pesquisa/-/search/123815982/details/maximized

Forma-se, assim, essa sociedade da informação, exponencialmente catalisada pelo ambiente digital, o ciberespaço.[169]

2.9. Lei Geral de Proteção de Dados do Brasil – 2018

A legiferação acerca de proteção de dados no Brasil não é algo comum e maturado, tendo este país vindo a possuir o seu primeiro diploma apenas em 2018 quando, a 14 de agosto, viu a Lei 13.709, mais conhecida como LGPD – Lei de Proteção dos Dados Pessoais do Brasil, publicada. No seu Artigo 1º está presente a disposição deste normativo legal:

> Art. 1º Esta Lei dispõe sobre o tratamento de dados pessoais, inclusive nos meios digitais, por pessoa natural ou por pessoa jurídica de direito público ou privado, com o objetivo de proteger os direitos fundamentais de liberdade e de privacidade e o livre desenvolvimento da personalidade da pessoa natural.[170]

A Constituição da República de 1988 não refere no seu conteúdo textual a proteção de dados pessoais, direito fundamental já presente na Lei Fundamental Portuguesa de 1976 e que procura garantir o direito a inviolabilidade da intimidade, das comunicações e da vida privada. Na verdade, a Lei 12.965 de 2014, mais conhecida como MCI – Marco Civil da Internet no Brasil, elenca somente o termo "proteção de dados", que posteriormente sofreu alteração proposta e efetivada pela LGPD.

Embora no Brasil exista a Lei do Marco Civil da Internet, que traz alguns fundamentos como a própria proteção de dados, esta não conceitua os institutos estipulados no diploma brasileiro de proteção de dados. O Marco Civil da Internet traz então consigo uma série de princípios[171] reguladores para o funcionamento desta rede, para a proteção do utilizador e para a

[169] MAGALHÃES, Filipa Matias; PEREIRA, Maria Leitão – **Regulamento Geral de Proteção de Dados**: Manual Prático. Porto: VidaEconómica, 2017. ISBN 978-989-768-435-7. p. 17.

[170] Lei 13.709/2018, de 14 de Agosto. **Dispõe sobre a proteção de dados pessoais e altera a Lei nº 12.965, de 23 de abril de 2014 (Marco Civil da Internet).** [Consult. 27 set. 2018]. Disponível em:

[171] BRASIL. **Lei nº 12.965, de 23 de abril de 2014.** "Art. 3o A disciplina do uso da internet no Brasil tem os seguintes princípios: II – proteção da privacidade; III – proteção dos dados pessoais, na forma da lei; V – preservação da estabilidade, segurança e funcionalidade da rede,

manutenção das atividades *online*. Além disso, estabelece uma série de direitos fundamentais a ser respeitados na rede, em conjunto com os que já existiam para este mundo físico, determinando algumas obrigações a quem atua no mundo digital. Contempla-se aqui a privacidade, proteção de dados e a necessidade de conformidade segundo os padrões internacionais para se atingir o *Compliance*, como a ISO 27002, direcionada à segurança da informação.

No Brasil, a própria legislação já sofreu alterações, o que obrigou o Estado brasileiro a criar uma agência reguladora, a ANPD – Autoridade Nacional de Proteção de Dados, que tem como competências zelar pela proteção de dados, cumprimento, elaboração de diretrizes, fiscalização, e promoção da educação para a sociedade. Isto surge, assim, em consequência da importância e necessidade de se preservar dados através de prevenção e cuidados de boas práticas, entre outros princípios.

Quando se aborda a prevenção e os cuidados para boas práticas, é imperioso perceber que essa é uma das bases para a aplicação do *Compliance* visto que, segundo Claudio Carneiro, o que destaca o *Compliance*, tanto nas esferas públicas quanto privadas, é o facto de este instituto se estar a tornar cada vez mais presente,[172] avançando e desenvolvendo-se a passos largos.[173]

por meio de medidas técnicas compatíveis com os padrões internacionais e pelo estímulo ao uso de boas práticas;"

[172] IAB – Instituto dos Advogados Brasileiros – **Cláudio Carneiro Destaca avanço do compliance na espera públicas e privada.** [Em Linha]. [Consult. 18 set. 2019]. Disponível em:

[173] *Ibidem* – ""O compliance é uma realidade mundial, e o Brasil tem avançado bastante na sua implantação e na sedimentação da cultura de integridade que ele propicia, tanto na esfera pública quanto na privada." Esta é a opinião do presidente da Comissão de Compliance e Governança do Instituto dos Advogados Brasileiros (IAB), Cláudio Carneiro, que fez palestra no Seminário Internacional de Compliance: perspectivas e novas dinâmicas, realizado pelo Instituto Universitário do Rio de Janeiro (Iurj), na sua sede, no Centro do Rio, nesta segunda-feira (16/9). O evento foi aberto pelo presidente do Iurj, Simão Aznar, e contou com as presenças da diretora-geral do Instituto, Carla Dolezel, e do presidente da Ethical & Compliance International Institute (ECII), com sede em Portugal, Pedro Trovão do Rosário, diretor do Departamento de Direito da Universidade Autônoma de Lisboa (UAL)."

2.10. Diretiva UE 2016/1148 e Lei n. 46/2018 de Portugal

A Diretiva 2016/1148, também conhecida como Diretiva NIS/SRI, foi publicada em 19 de julho de 2016 pelo Parlamento e Conselho Europeus com o intuito de promover um nível mais elevado de segurança no ciberespaço.[174] Essa diretiva traz conceitos orientadores de institutos relacionados a este espaço virtual, obrigando os Estados-membros a adotar medidas de estratégia nacional de segurança, tanto em redes, quanto nos sistemas da informação. Da mesma forma, cria um grupo de cooperação entre Estados, constrói uma rede europeia de equipas de resposta a incidentes de segurança da informação, ao mesmo tempo que concebe alguns pré-requisitos de segurança, obrigando os Estados-membros a possuir uma agência nacional de proteção de dados; ou seja, autoridades nacionais.

Assim surge, a partir da transposição da diretiva de número 2016/1148, previamente citada, a lei 46 de 2018. Essa Lei portuguesa estabelece um regime jurídico da segurança do ciberespaço trazendo uma conceituação direta de vários institutos a ele relacionados. De entre esses institutos, alguns serão citados apenas para mostrar o nível de preocupação que o Estado maior possui em definir conceitos nessa seara, como os termos "risco" e "incidente". O primeiro é, então, definido como "uma circunstância ou um evento, razoavelmente identificáveis, com um efeito adverso potencial na segurança das redes e dos sistemas de informação"; já o segundo "é um evento com um efeito adverso real na segurança das redes e dos sistemas de informação".

O conteúdo dessa lei refere ainda que, para mitigar riscos e descobrir a origem do que pode ter causado o incidente ou para minimizar um possível risco, é necessária a presença e a atuação de uma equipa de resposta. Essa equipa tem, pois, como função estar presente "prestando um conjunto de serviços de segurança que inclua, designadamente, o serviço de tratamento e resposta a incidentes de segurança das redes e dos sistemas de informação".

Conclui-se então que é cada vez mais comum a existência de legiferações direcionadas para uma relação direta com o ciberespaço, mas que esse diploma foi para ele concebido especificamente. Trata-se, pois, do

[174] CNSP – Centro Nacional de Segurança de Portugal – **Transposição da Diretiva NIS/SRI**. 2019. [Em Linha]. [Consult. 28 set. 2019]. Disponível em: https://www.cncs.gov.pt/transposicao-da-diretiva-nissri/

espaço magnético para armazenamento de dados, formado por estruturas físicas como os computadores e cabos, possibilitando a comunicação entre pessoas e equipamentos.

2.11. Outros Diplomas

Diante de toda uma apresentação direcionada para a evolução da privacidade, proteção de dados e normativos para maximizar a preservação de garantias, liberdades e direitos fundamentais de pessoas singulares, não se poderia deixar de mencionar alguns dispositivos legais também direcionados ao ciberespaço.

A CLOUD Act – *Clarifying Lawful Use of Overseas Data Act* – é um diploma dos EUA. Esse normativo legal possui poder para a quebra da privacidade no âmbito mundial, de acordo com os tratados de cooperação entre outros Estados e os Estados Unidos da América.[175]

O governo americano, através da *CLOUD Act*, possui força legal para aceder a dados das suas empresas e ainda para compartilhá-los com outros Estados. Tal situação não ocorre, porém, de forma aleatória, mas sim diante de caráter investigativo e cooperativo, devendo os países que solicitarem tal conteúdo estar em conformidade com os direitos humanos. Deste modo, os Estados devem, para obter essas informações, passar por uma apreciação e aprovação por parte do procurador geral dos EUA.[176] O departamento de defesa possui, com a *CLOUD Act*, acesso aos dados das empresas norte americanas, mesmo que estas não estejam situadas no seu território. Essa situação poderá, contudo, violar o princípio soberano da territorialidade, instrumento fundamental do Estado Democrático de Direito.[177]

A Comissão Europeia de Justiça pode perceber que a possibilidade de recolha de dados pode ter como objetivo a monitorização ou simples visualização, quando necessária, da logística operacional de empresas atual perante o ciberespaço. Ainda assim, deve ser relembrado que o ambiente ciberespaço não possui barreiras geográficas territoriais, pelo

[175] Rodrigues, Katitza – **The U.S. CLOUD Act and the EU**: A Privacy Protection Race to the Bottom Et. Al. Electronic Frontier Foundation. 2018. [Em linha]. Acedido em 05 jul. 2018. Disponível em

[176] *Idem – Ibidem.*

[177] *Idem – Ibidem.*

que a cooperação entre Estados provocará uma possibilidade interna de investigação junto de outros países. A finalidade em questão é, assim, a tutela do seu povo, pois desta forma poder-se-á combater o crime e o terrorismo cibernéticos, por exemplo.[178] Essa cooperação faz com que ocorra um respeito mútuo no referente ao princípio da territorialidade, preservando a soberania, quer interna, quer externa, do Estado Democrático de Direito.[179]

Os Estados Unidos da América não possuem um diploma com tutela equivalente ao Regulamento Geral de Proteção de Dados da Europa. Muito embora não pode ser esquecido o CCPA – *California Consumer Privacy Act*, fortalece a cultura em formato de diploma legal estadual acerca da proteção de dados e o consumidor.[180]

Apesar de enquadrada no Conselho Europeu, a Convenção do Conselho da Europa sobre o Cibercrime – mais conhecida por Convenção de Budapeste, por ter sido aberta à assinatura nesta cidade –, trata-se de uma convenção internacional[181]. Nesta que constitui uma das mais evidentes Convenções do mundo no que se refere ao ciberespaço, é abordado o combate ao Cibercrime nos Estados-membros signatários deste diploma, tendo entrado em vigor dia 1 de julho de 2004.[182] Assim, muitos outros países não membros do conselho da Europa são também signatários, como os Estados Unidos, Japão, Canadá, África do Sul, Israel, Chile entre outros.

Esta convenção traz, além da legislação predefinida a inserir no Código Penal de cada país signatário, considerações explicando detalhes do ambiente cibernético e do delito para, assim, procurar esclarecer o máximo de dúvidas possível. Destaque para alguns artigos: Falsidade Informática[183],

[178] *Idem – Ibidem.*

[179] ARAUJO, Valter Shuenquener – **Novas dimensões do princípio da soberania**. Editora Niterói, Rio de Janeiro, 2016. ISBN: 978-85-7626-895-6. P. 52-54.

[180] State of California Departament of Justice. CCPA – *California Consumer Privacy Act.* 2018. [Em linha]. Acedido em 24 de out. 2020. Disponível em:

[181] BRASIL. Câmara dos Deputados. Saiba como os crimes na internet são tratados em outros países. Fonte: Agência Câmara de Notícias. 2011. Disponível em: <https://www.camara.leg.br/noticias/217913-saiba-como-os-crimes-na-internet-sao-tratados-em-outros-paises/>. Acedido em 08 de fev. 2021.

[182] *Idem – Ibidem.*

[183] **Convenção de Budapeste**. 2001. Disponível em . Acedido em: 06 dez. 2017.

Acesso Ilegítimo[184], Interceptação Ilegítima[185], Interferência em Dados e em Sistemas[186], entre outros.

Este tratado foi invocado na presente escrita devido à importância que detém no contexto internacional. Alguns dos artigos da Convenção de Budapeste direcionados para o crime cibernético poderão ser encontrados no Brasil, como a Burla Informática, que diante da Extorsão tipificada no Direito Penal Brasileiro, deve ser utilizado de forma comparada. E assim, o Brasil perde muito quando se fala em Direito Digital por não ser um país assinante da Convenção de Budapeste, visto que se trata de fortalecer o combate ao Cibercrime em âmbito nacional e cooperativo entre signatários. Já em Portugal, essa lei deu origem à Lei do Cibercrime de Portugal, mais precisamente à Lei número 109/2009.

Os diplomas supracitados foram elencados nesta escrita visto que a sociedade da informação promove cada vez mais a aproximação das pessoas e de Estados pelo advento da globalização e, principalmente, porque se torna imperioso conseguir regular os factos que proporcionam litígios entre as pessoas em Estados distintos. Percebe-se então uma intensa procura pela conformidade nas legislações, mecanismo que só funciona de modo preventivo, sendo que o *Compliance* é o único instrumento que conseguirá preservar os direitos dos titulares dos dados. Vive-se, pois, a era do *Compliance*.

[184] ***Idem – Ibidem.***

[185] ***Idem – Ibidem.***

[186] ***Idem – Ibidem.***

3.
O *Compliance* Digital a Preservar Direitos, Garantias e Liberdades

Os dados são criados, transmitidos e recebidos a todo o momento com um volume imenso, contando também com grande velocidade e variedade. Deve também ser tido em conta que essa situação é catalisada pela existência do espaço cibernético sendo que, como exemplo, se pode mencionar a utilização massiva de dispositivos como telemóveis e computadores, principalmente quando associados à internet, possibilitando a criação de conteúdos, como fotos, vídeos, textos, entre outros.

Esses dados por muitas vezes são tratados ou processados por empresas, que têm como definição, segundo o RGPD:

> [...] uma operação ou um conjunto de operações efetuadas sobre dados pessoais ou sobre conjuntos de dados pessoais, por meios automatizados ou não automatizados, tais como a recolha, o registo, a organização, a estruturação, a conservação, a adaptação ou alteração, a recuperação, a consulta, a utilização, a divulgação por transmissão, difusão ou qualquer outra forma de disponibilização, a comparação ou interconexão, a limitação, o apagamento ou a destruição[187]

[187] PARLAMENTO Europeu e do Conselho. **Regulamento 679/2016.** "«Tratamento», uma operação ou um conjunto de operações efetuadas sobre dados pessoais ou sobre conjuntos

Sabe-se que estes dados pertencem aos seus titulares, às pessoas singulares e que, quando se fala de dados pessoais, estes podem ser conceituados como aqueles que conseguem, de alguma forma, identificar um indivíduo, ou torná-lo identificável.[188] Deve ademais ser entendido que existem dados que podem ser denominados como sensíveis, como os dados biométricos e os relativos à saúde, por exemplo.

A proteção de dados possui um contacto direto com a preservação da privacidade das pessoas singulares. Como previamente apresentado no capítulo "Da privacidade à proteção de dados", percebe-se como conseguir evitar que esses dados, de imperiosa importância, venham a comprometer a dignidade do indivíduo através da sua possível fuga e/ou violação, desobedecendo aos princípios que vetam o abuso, a falta de consentimento, a finalidade, entre outros.

Impõe-se, assim, uma questão: como melhor proceder à proteção de dados? O melhor método é procurando a conformidade ou *Compliance*, que é o instrumento que proporciona a preservação de direitos das pessoas nesta nova era que, segundo Claudio Carneiro, é conhecida como a era do *Compliance*.[189] É mister, essencial e necessário que se procure a conformidade através do trabalho deste instrumento no contexto do espaço cibernético ou digital. A cultura de *Compliance* deve ser plenamente almejada, principalmente neste momento de transformação digital em que a sociedade se depara com novos instrumentos tecnológicos que, por imprudência, imperícia e ou negligência, conseguem muitas vezes violar

de dados pessoais, por meios automatizados ou não automatizados, tais como a recolha, o registo, a organização, a estruturação, a conservação, a adaptação ou alteração, a recuperação, a consulta, a utilização, a divulgação por transmissão, difusão ou qualquer outra forma de disponibilização, a comparação ou interconexão, a limitação, o apagamento ou a destruição". 2016. [Em Linha]. [Consult. 17 set. 2019]. Disponível em:

[188] *Ibidem* – "«Dados pessoais», informação relativa a uma pessoa singular identificada ou identificável («titular dos dados»); é considerada identificável uma pessoa singular que possa ser identificada, direta ou indiretamente, em especial por referência a um identificador, como por exemplo um nome, um número de identificação, dados de localização, identificadores por via eletrónica ou a um ou mais elementos específicos da identidade física, fisiológica, genética, mental, económica, cultural ou social dessa pessoa singular;"

[189] CARNEIRO, Claudio – **Compliance e a cultura de paz.** Et al GALILEU – Revista de Direito e Economia. e-ISSN 2184-1845. 2019. [Em Linha]. [Consult. 17 set. 2019]. Disponível em: P. 38.

normativos de proteção de dados. Como consequência, são gerados danos severos em garantias, liberdades e direitos dos indivíduos, sendo que o principal instrumento para contrariar este cenário é o trabalho baseado numa gestão preventiva, em direitos fundamentais, bem como em mecanismos que promovem a cibersegurança. Claudio Carneiro aborda, inclusive, o *Compliance* como uma ferramenta que impera estar diretamente ligada à promoção de uma cultura de paz.[190]

O *Compliance* tem as suas raízes na gestão de riscos e na boa governança,[191] sendo esta a base principiológica da conformidade. Os sistemas de gestão de conformidade são, assim, necessários para permitir um maior controlo nas organizações, sejam estas públicas ou privadas, não esquecendo que a boa governança neste cenário deve ser tratada, inclusive, como um direito fundamental.[192] Alterações nos processos operacionais serão imprescindíveis mas, para tal, apenas a capacitação através de formação aos colaboradores[193] irá fazer com que essas pessoas estejam mais preparadas, e por consequência, possuam uma habilitação baseada em boas práticas no ciberespaço, conseguindo uma maior eficácia na aplicação do trabalho de *Compliance*.

Quando se fala em *Compliance*, alguns percebem este instituto como uma ferramenta de combate à corrupção, mas ele não se limita a isso.[194] *Compliance* é conformidade, é ser coerente diante das obrigações, procurar o correto. Quando se trata de sociedade da informação, ciberespaço, e proteção de dados, há uma necessidade de aplicação de trabalho de *Compliance*, não só direcionado aos normativos de proteção de dados, mas também aos padrões ISO internacionais. Só assim se consegue, de forma técnica, diante da tecnologia e segurança da informação e qualidade, atingir uma maximização da cibersegurança da base de dados processada por empresas.

O artigo 3º, inciso 3, da Constituição da República Portuguesa de 1976, refere o termo "conformidade" como "A validade das leis e dos demais actos

[190] *Idem – Ibidem.*

[191] *Idem – Ibidem.*

[192] CARNEIRO, Claudio; SANTOS JUNIOR, Milton de Castro – **Compliance e Boa Governança**: Pública e Privada. 1 ed. Editora Juruá: Curitiba, 2018. ISBN: 9788536283876. P. 103

[193] *Idem – Ibidem.*

[194] *Idem – Op. Cit.* 39.

do Estado, das regiões autónomas, do poder local e de quaisquer outras entidades públicas depende da sua conformidade com a Constituição." É ainda de salientar que, para que uma lei tenha validade, é necessário que o diploma esteja em *Compliance* com a Carta Fundamental Portuguesa. Este termo foi, deste modo, invocado nesta escrita para incitar uma maior cognição quando se trata de apresentar o instituto do *Compliance*.

Como já foi dito anteriormente, não existe, porém, um modelo específico para se aplicar em toda e qualquer empresa. Para uma boa aplicação de *Compliance*, é necessária uma avaliação específica de cada companhia onde será aplicado o programa. Um dos principais problemas é a falta de comunicação que existe entre o combate à corrupção e o combate aos problemas de natureza concorrencial tendo em vista que, em grande parte das situações, existe uma relação entre eles; ou seja, um trabalho relacionando os dois funcionaria de forma mais eficaz[195].

A elaboração contratual não proporcionará, por si só, a eficácia do programa, sendo necessário promover uma formação, gerando, assim, uma maior comunicação *inter partis*, bem como uma melhor preparação das pessoas, independentemente do cargo. No viés laboral, por exemplo, os negócios jurídicos são de forte importância para a eficácia do programa de *Compliance*; na verdade, o contrato é o instrumento que torna possível o trabalho de *Compliance*, visto que se trata de um instrumento físico de formalização de tais relações. Além disso, deve também ser obedecido o rito dos pré-requisitos do negócio jurídico, como a inexistência de vício. Observe-se o seguinte exemplo: no caso de uma empresa estar a enfrentar problemas com os funcionários que estejam a utilizar a internet e equipamentos da empresa de forma indevida, a solução do impasse pode ser a elaboração de políticas internas. Estas medidas viriam capacitar os colaboradores para a disciplina dos comportamentos admitidos e esperados de parte a parte, evitando conflitos. A falta de regras claras referentes ao acesso a conteúdos poderá resultar na divulgação de dados pessoais a terceiros não autorizados, comportamento inadequado diante das comunicações

[195] MENDES, Francico Schertel; CARVALHO, Vinicius Marques de – **COMPLIANCE**: Concorrência e combate a corrupção. São Paulo: Trevisan Editora, 2017. ISBN 978-85-9545-006-6. p. 126.

por aplicações de mensagens instantâneas, ou até mesmo no mau uso dos dispositivos. As formações no âmbito do *Compliance* poderão, assim, fazer com que tal situação seja prevenida ou minimizada e que o acesso ao sistema informático de titulares seja vedado a pessoas não autorizadas, impedindo litígios internos ou externos que se traduziriam em custosos conflitos.

A formalização de um contrato em que se insiram tais regras, assim como a formação para capacitação e explicação de cada tópico contratual, são de suma importância para a eficácia do trabalho de conformidade. Em consequência deste ato de *Compliance*, ocorrerá uma redução no número de litígios dentro da empresa, visto que os funcionários deverão estar cientes do que realmente não poderão questionar judicialmente, bem como da utilização adequada dos meios tecnológicos, seguindo as normas do controlador.

O trabalho de *Compliance* na União Europeia está presente para efetivação da conformidade jurídica, financeira e cibernética, sendo de cariz essencial para se atingir a finalidade positiva e eficiente.[196] O combate à corrupção e à fraude foca-se, deste modo, não só nas instituições públicas, mas também nas empresas privadas. Em consequência disso, o trabalho de conformidade é, se não a maior, uma das principais ferramentas de combate, visto que se a empresa estiver em conformidade com instituições financeiras, fornecedores, funcionários e clientes, está o mais longe possível de se ver envolvida, tanto em corrupção, quanto em fraudes. Contudo, torna-se igualmente imperioso perceber as palavras de Claudio Carneiro: "o *Compliance* não se resume ao combate à corrupção, assim como a Paz também não se esgota na simples conceção de ausência de guerra."[197]

3.1. *Compliance* Digital

O *Compliance* é um trabalho de evolução de pessoas, processos e cultura organizacional para se atingir a conformidade, seja tenológica, jurídica ou simplesmente de gestão ou governança e que pode ocorrer em qualquer

[196] COMISSÃO EUROPEIA – **A luta da União Europeia contra a fraude e a corrupção.** 2014. [Consult. em: 13 dez. 2017]. Disponível em

[197] CARNEIRO, Claudio – **Compliance e a cultura de paz.** P. 39.

tipo de organização, seja esta pública ou privada. Quando esse trabalho de conformidade é direcionado ao ambiente ciberespacial e, ainda assim, procura a tal adequação dos diplomas jurídicos que envolvam diretamente o ciberespaço, de técnicas de segurança da informação e uma reorganização da cultura corporativa pela gestão e governança, elenca-se com o termo "*Compliance* Digital".

O *Compliance* Digital alberga na sua essência a função de alteração de técnicas, de processos, e da cultura organizacional através da sua própria reestruturação e da das pessoas que o formam, envolvendo o Direito, a Gestão e Governança e a Tecnologia da Informação. Assim, através de auditorias para análise de riscos, poderá ocorrer a adoção de medidas de prevenção que procurem adequação jurídico-organizacional diante dos novos cenários propostos pelas tecnologias e segurança da informação.[198]

A evolução das inovações fez e faz com que o ambiente mundial sofra transformações. Exemplo disso é o aparecimento do computador e da internet, que de certa forma são o berço tecnológico que deu origem ao ciberespaço. A cada dia surgem novas ferramentas no ambiente cibernético, como um produto ou serviço que altera o modo como as pessoas ou sociedade se relacionam com ele, constituindo os motores de busca um dos melhores exemplos. Este novo método de pesquisa veio revolucionar a forma como se procura informação, abrindo-nos uma infinidade de ambientes de pesquisa profissional, académica ou informal, deixando de parte as antigas enciclopédias e livros. Essa evolução precisa, no entanto, de estar em conformidade para que os dados pessoais permaneçam seguros e haja uma relação positiva entre pessoas, equipamentos, e sociedade[199].

Os profissionais da tecnologia da informação que mesclam a sua prestação de serviço com o *Compliance* digital, acabam por ser as pessoas que cuidam da saúde ou segurança organizacional de empresas públicas ou privadas. Isto sucede porque a gestão de tecnologia da informação pode ser considerada o centro de todo o negócio, principalmente aqueles que

[198] TI Inside – **Compliance Digital**: O que é e como afeta o trabalho de TI. 2017. [Em linha]. [Consult. 15 dez. 2017]. Disponível em

[199] MENDES, Francisco Schertel; CARVALHO, Vinicius Marques de – **COMPLIANCE. *Op. Cit.*** P. 282

tratam de dados pessoais, como escritórios de advocacia. A prevenção perante ataques cibernéticos por terceiros mal-intencionados deve estar, portanto, sempre em primeiro plano.[200]

A relação entre pessoas tem vindo a sofrer revoluções devido aos avanços tecnológicos e ao surgimento de invenções que facilitam o quotidiano. O Direito, enquanto instrumento que regula a sociedade, não altera a essência das coisas podendo, então, os criadores adequar as suas invenções ou inovações aos princípios fundamentais, como o direito à privacidade, à proteção de dados, e à inviolabilidade das comunicações e correspondências, por exemplo. Para tal prática, são necessárias a procura e a aplicação do *Compliance* nesses novos produtos ou serviços.

A União Europeia possui o Regulamento Geral de Proteção de Dados, assim como no Brasil existe a Lei Geral de Proteção de Dados. Estes diplomas visam regular e consolidar o dever, por parte das empresas que fazem o processamento de dados pessoais, de efetuar um trabalho de conformidade quando se fala em proteção de dados, sejam estes físicos e ou digitais. Essa regulamentação não surgiu inadvertidamente, mas sim de uma enorme evolução, partindo do direito à privacidade até à necessidade de cuidados no contexto da proteção de dados, de forma a promover uma maior tutela quando se trata de garantias, liberdades e direitos fundamentais dos indivíduos, preservando a personalidade e a dignidade da pessoa singular.

Para adequação desses diplomas, normas de padrões técnicos internacionais são atualizadas ou criadas para atender a essa realidade da relação de normas jurídicas e técnicas. Neste caso, podem ser mencionadas as normas ISO 27001 e 27002, que citam padrões técnicos que consideram a gestão da segurança da informação, e a 27701,[201] criada em 2019, e queé uma extensão daquelas previamente elencadas, trazendo considerações para que ambientes organizacionais públicos e privados estejam adequados à proteção de dados exigida pelo Regulamento Geral de Proteção de Dados. Trata-se, pois, de uma evidência do *Compliance* digital, já que a norma 27701[202]

200 Idem – ***Op. Cit.*** P. 283

201 ISO – **ISO/IEC 27701:2019** – Security techniques – Extension to ISO/IEC 27001 and ISO/IEC 27002 for privacy information management – Requirements and guidelines. 2019. [Em linha]. [Consult 25 nov 2019]. Disponível em:

202 "This document specifies requirements and provides guidance for establishing, implementing, maintaining and continually improving a Privacy Information Management System (PIMS) in the form of an extension to ISO/IEC 27001 and ISO/IEC 27002 for privacy

procura sintetizar a união entre o diploma jurídico, segurança da informação e gestão da tecnologia da informação.

Analisaremos em seguida algumas das principais tarefas voltadas para a aplicação do *Compliance* Digital, bem como medidas de boas práticas normalmente presentes no trabalho de conformidade.

3.2. Protagonistas do *Compliance* Digital na Proteção de Dados

Alguns dos protagonistas estão presentes e conceituados em normativos de proteção de dados, seja pelo Regulamento Geral de Proteção de Dados da Europa, seja pela Lei Geral de Proteção de Dados do Brasil. Comecemos, então, por apresentar o titular e o encarregado de proteção de dados.

Segundo o previsto no artigo 4, no âmbito da definição de dados pessoais estes dados não pertencem a quem os recolhe ou processa, mas sim ao seu titular, que é a pessoa identificada ou identificável através dos mesmos.[203] Já o responsável pelo tratamento encontrado no RGPD da Europa é equivalente ao encarregado de proteção de dados da LGPD do Brasil, possuindo também outra denominação – DPO, *Data Protection Officer*.

Segundo Sirceia Macedo, o DPO teve origem em 1977 na Alemanha e pode ser encontrado, tanto nos normativos de proteção de dados europeus quanto nos brasileiros.[204]

> O profissional que irá atuar como dpo além do conhecimento jurídico, normas nacionais e internacionais, deverá ter conhecimentos práticos e concretos sobre proteção de dados pessoais que irão passar por todos os tratamentos de dados que ocorrerão a nível organizacional.[205]

management within the context of the organization. This document specifies PIMS-related requirements and provides guidance for PII controllers and PII processors holding responsibility and accountability for PII processing. This document is applicable to all types and sizes of organizations, including public and private companies, government entities and not-for--profit organizations, which are PII controllers and/or PII processors processing PII within an ISMS." – *Ibidem*.

[203] PARLAMENTO Europeu e do Conselho. **Regulamento 679/2016.** *Ibidem*.

[204] CARNEIRO, Cláudio; MACEDO, Sirceia – **Compliance Officer & Data Protection Officer**. Instituto Memória: Curitiba, 2019. ISBN 978-85-5523-320-3. p. 05.

[205] *Idem – Op. Cit.* p. 06.

Esse responsável, também conhecido como DPO – *Data Protection Officer,* é um encarregado cuja função é efetuar o trabalho de conformidade digital direcionada à proteção de dados. Assim, no momento em que a empresa procura contratar um DPO, deverá analisar alguns fatores, pois o ideal é que esse profissional possua conhecimento, não só na área de tecnologia da informação – com ênfase em segurança da informação –, mas também na área legal cibernética e de gestão de TI.[206] O DPO deverá ser proativo e procurar sempre a aplicabilidade do *Compliance*, sendo que esta pessoa poderá pertencer a uma empresa externa ou ser contratado pela própria companhia para compor o quadro laboral, pois o principal fundamento deste profissional é a demanda pela excelência na manutenção desta empresa, em conformidade com o Regulamento Geral de Proteção de Dados.[207]

No entanto, no caso de se procurar a conformidade plena da empresa e não exclusivamente do espaço cibernético, o profissional chefe de conformidade passa a ser denominado *Chief Compliance Officer – CCO*[208], sendo os demais apenas tratados por *Compliance Officer.*

Segundo Claudio Carneiro, o *Compliance* não é apenas necessário, mas um investimento pois, num futuro próximo, as empresas que não procurarem a conformidade através de um trabalho de *Compliance,* estarão fora do mercado.[209] Para a aplicação desse trabalho, o CCO é uma peça chave, visto que deverá atingir a observância fiel enquanto procura o máximo de precisão nas legislações em vigor.[210]

Esse profissional deve ter conhecimentos jurídicos e de governança corporativa, além do saber específico na área em que efetua o trabalho de conformidade. Profissionais apenas com conhecimentos jurídicos ou

206 SARMENTO, António – DPO. **Quem é o responsável pela proteção de dados**? O Encarregado de Proteção de Dados (DPO) vai integrar o 'job description' de muitas empresas e de muitas organizações. O Jornal Econômico, 2018. [em linha]. [Consult. 15 fev. 2018]. Disponível em

207 MAGALHÃES, Filipa Matias; PEREIRA, Maria Leitão – **Regulamento Geral de Proteção de Dados.** p. 24.

208 ÉPOCA Negócios – **Conheça o Chief Compliance Officer**. 2017. [Em linha]. [Consult. 15 dez. 2017]. Disponível em

209 CARNEIRO, Cláudio; BRITTO, José Geraldo Falcão – **Gestão de Riscos em Compliance**. Instituto Memória: Curitiba, 2019. ISBN 978-85-5523-319-7.

210 *Idem – Ibidem.*

de gestão, possuem conhecimento insuficiente para aplicar num trabalho de *Compliance* voltado para qualquer seara da tecnologia ou sistemas da informação. Será, assim, necessária a formação de uma equipa que consiga promover tal conformidade. O contrato, juntamente com a formação para cada termo nele contido, constitui a base do trabalho de *Compliance*; de outra forma, como poderia um advogado apenas com conhecimento jurídico ou um administrador apenas com conhecimento de gestão preparar contratos com termos tecnológicos com magnitude? Assim como os profissionais acima referidos, também os responsáveis pela segurança da informação recebem breves formações sobre preparação de contratos no âmbito das suas licenciaturas. Contudo, necessitarão de adquirir conhecimentos voltados para a seara jurídica e gestora visto que, na ausência deste conhecimento, estes profissionais poderão, quando da promoção de proteção, incorrer em erro e deixar mais brechas contratuais a um advogado.

O *Chief Compliance Officer* ideal deverá então ser um advogado com formação em governança e gestão de riscos e, de preferência, que possua conhecimento técnico em segurança de TI. Caso contrário, deverá este trabalho ser realizado por uma equipa, conforme citado. Deverá ainda ser lembrado que, como o trabalho de *Compliance* exige conhecimentos de boa governança e gestão de riscos, caso seja aplicado em hospitais, clínicas médicas ou consultórios, o profissional de conformidade deverá ter os conhecimentos dos possíveis riscos da atividade na qual está a aplicar a conformidade.

Para além da qualificação acima citada, o profissional CCO terá de ser ético, modesto, proativo, inteligente, diligente, convicto, devendo ainda aprender rápido e possuir boas competências na área da comunicação.[211] Perante a advocacia preventiva, o profissional do *Compliance* deverá ser um advogado, visto que terá de estar preparado para interpretar leis, tendo também necessariamente de possuir conhecimento de gestão diante da atividade em que estiver a prestar o serviço.[212]

[211] ROBERT Walters – **Carrer Advice:** The Role os Compliance Officer. [Em linha]. [Consult. 06 dez. 2017]. Disponível em https://www.robertwalters-usa.com/career-advice/the-role-of--a-compliance-officer.html

[212] LIRA, Michael Pereira de – **O que é compliance e como o profissional da área deve atuar?** ***Ibidem.***

O conhecimento na atividade em particular é de extrema importância para que o profissional consiga proporcionar maior eficiência e confiabilidade nas decisões e na aplicabilidade do programa. Assim, o responsável pelo *Compliance* necessita de ter um conhecimento além do jurídico para obter o máximo de sucesso possível na aplicação do mesmo, podendo este profissional ser um advogado, gestor, e entusiasta da atividade finalística da instituição que receberá o benefício do programa.

3.3. Gestão de Riscos x Governança de TI

A boa governança possui um caráter preventivo que pode ser percebido como um remédio para complicações futuras,[213] pelo que a busca pela conformidade por parte de empresas proporcionará a proteção dos clientes,[214] assim como dos colaboradores diretos e indiretos, quer no que respeita à proteção de dados, quer no que se refere ao âmbito geral da cultura organizacional.

Quando alguém possui ou deseja abrir uma empresa, não se imagina um cenário trágico, como uma violação e/ou fuga de dados de uma maneira massiva ao ponto de arrasar por completo a reputação da mesma. Para evitar essas situações, deve-se procurar uma gestão de riscos, de forma a analisar certezas, incertezas, e probabilidades de perdas,[215] percebendo e procurando mitigar esses riscos, sejam esses no escopo da organização, pessoas, produtos, serviços ou outros.[216]

Na senda por uma boa governança, é necessária ainda a realização de auditorias para que o trabalho seja posteriormente analisado e gerido através dos resultados. Quando se trata de auditorias neste campo, é imperioso frisar que as tecnologias são atualizadas com uma velocidade imensa, sejam produtos, hardware ou software. Desta forma, para execução das mesmas, é mister que o auditor possua conhecimentos na área das tecnologias, assim como das legislações.[217]

213 CARNEIRO, Cláudio; BRITTO, José Geraldo Falcão – **Gestão de Riscos em Compliance.** *Ibidem.*

214 *Idem – Ibidem.*

215 *Idem – Ibidem.*

216 *Idem – Ibidem.*

217 CARNEIRO, Claudio; SANTOS JUNIOR, Milton de Castro – **Compliance e Boa Governança**: Pública e Privada. 1 ed. Editora Juruá: Curitiba, 2018. ISBN: 9788536283876. P. 140.

Empresas que procuram estar em conformidade digital devem possuir uma gestão proativa. A gestão da tecnologia da informação de uma empresa acaba por se tornar no coração da gestão, pois tem contacto direto com bases de dados que contêm dados pessoais, processos, documentos, e dados sensíveis. O sucesso deste modelo de gestão dependerá, assim, da procura proativa por conformidade no setor de TI, chamando a si a responsabilidade de procura da manutenção de formação no âmbito do trabalho de *Compliance*.

É comum a confusão dos conceitos de gestão e de governança e, independentemente do resultado, a intenção da procura por um ambiente bem administrado é a base, tanto de um, quanto de outro. Neste capítulo adentrar-se-á uma breve comparação acerca do significado de ambos os conceitos. No entanto, para uma compreensão mais simples, imagine-se os 3 poderes basilares: executivo, legislativo e judiciário. Segundo o TCU – Tribunal de Contas da União, Brasil, considere-se agora que a gestão é o poder executivo, e a governança os outros dois poderes.[218]

Conforme Cláudio Carneiro, uma boa governança deve ser tratada como um direito fundamental[219] e, seja realizada em âmbito geral ou voltada à seara da Tecnologia da Informação, tem como objetivo agregar valor e minimizar os riscos. Ao contrário do que muitos pensam, essa área deve ser liderada pela alta administração da empresa, tendo em vista que uma boa governança deve ter o pensamento igualmente direcionado para área da Tecnologia da Informação, para a área administrativa e para as áreas de organização de negócios.[220]

Um princípio norteador da governança é a transparência, sendo importante disponibilizar informações de uma forma geral aos interessados, e não apenas oferecer aquelas que são impostas através de leis. Essa transparência, quando aplicada da forma correta, acaba por gerar um ambiente de confiança, tanto internamente, quanto nas relações externas à organização.

[218] BRASIL. Tribunal de Contas da União. Referencial Básico de Governança. 2013. Disponível em <https://portal.tcu.gov.br/data/files/6A/B6/39/85/1CD4671023455957E18818A8/Referencial_basico_governanca_1_edicao.PDF>. Acedido em 08 de fev. 2021.

[219] CARNEIRO, Claudio; SANTOS JUNIOR, Milton de Castro – **Compliance e Boa Governança**: Pública e Privada. 1 ed. Editora Juruá: Curitiba, 2018. ISBN: 9788536283876. P. 103.

[220] CAVALCANTI, Augusto César. **O Novo Modelo de Contratação de Soluções de Ti Pela Administração Pública** – 2ª Ed. Editora Fórum. São Paulo, 2015. P. 52.

Outros aspetos igualmente importantes são: equidade – é preciso tratar de forma igualitária todas as partes interessadas, pois qualquer tipo de tratamento diferenciado não condiz com os princípios da governança; prestação de contas (*accountability*) – é necessário que os responsáveis pela governança se responsabilizem pelos seus atos e respetivas consequências; responsabilidade corporativa – Os agentes de governança devem trabalhar com o intuito de zelar pela organização e pela sua perpetuação, agregando aos seus processos valores de ordem social e ambiental.[221]

A boa gestão baseia-se, assim, na gestão dos bens e serviços, além de contar também com uma participação ativa nos processos de planeamento e contratação, seguindo os parâmetros estabelecidos pela alta administração para a empresa pública e ou privada.[222]

São funções da governança:

> definir o direcionamento estratégico; supervisionar a gestão; envolver as partes interessadas; gerenciar riscos estratégicos; gerenciar conflitos internos; auditar e avaliar o sistema de gestão e controlo; e promover a *Accountability* (prestação de contas e responsabilidade) e a transparência[223]

São funções da gestão:

> implementar programas; garantir a conformidade com as regulamentações; revisar e reportar o progresso de ações; garantir a eficiência administrativa; manter a comunicação com as partes interessadas; avaliar o desempenho e aprender.[224]

Cabe perceber que previamente foi apresentado o instituto da gestão, agora limitado à gestão de riscos, sendo que há, inclusive, uma ISO que visa regulamentar essa gestão – a ISO 30001:2018. Essa norma pode ser aplicada em empresas privadas, públicas e/ou comunitárias, trazendo vários princípios internacionais voltados à gestão de risco e, como abordado

[221] MAFFEI, José Luiz Gonçalves – **Curso de Auditoria**. Editora Saraiva: São Paulo, 2015. ISBN 9788502627635. P. 73.

[222] Idem. *Ibidem*.

[223] PROVALORE. **Governança pública**. *Ibidem*.

[224] Idem. *Ibidem*.

anteriormente, pode ser aplicada em praticamente qualquer tipo de negócio. As recomendações trazidas por esta ISO são: melhorias nas práticas e técnicas de gestão de forma a garantir uma maior segurança no local de trabalho de todos e a todo momento; eficiência operacional; governança; confiança *inter partis*; minimizar perdas; desenvolvimento com segurança. Porém, a sua essência é formar uma base sólida quando se fala em tomada de decisões, pois terá uma gestão completamente proativa em todas as áreas analisadas pelos possíveis riscos.

A auditoria prévia é, pois, essencial para que os riscos sejam analisados e geridos. Este processo visa identificar a probabilidade de incidentes capazes de prejudicar os objetivos da organização e, posteriormente, administrá-la, impedindo que o bom andamento organizacional seja comprometido. Além disso, esses riscos devem ser compatíveis com o apetite de risco para que se possa proceder à sua análise frente aos anseios e objetivos da organização e, dessa forma, possibilitar uma garantia razoável para o seu cumprimento.[225]

Quando a gestão de risco está voltada ao ciberespaço, devem ser analisados os pontos que podem trazer vulnerabilidades e /ou ameaças. A falta de capacitação de pessoas para a aquisição de uma cultura de boas práticas no ambiente digital é um fator de enorme preocupação, visto que esse é o ponto mais sensível para uma infração. Assim, para se atingir maior plenitude de proteção de dados, é imperiosa a aplicabilidade do *Compliance* no ambiente digital, diante de um ciberespaço.

3.4. Educação Digital e o *Accountability*

A sociedade da informação, conforme citado previamente, adentra cada vez mais as suas raízes na vida de todos e, com ela, traz uma tendência de interação cada vez maior com as tecnologias por meio dos equipamentos, sejam desktops, portáteis, móveis, ou dispositivos do lar com internet. Perante tantas novidades e tantos dados criados, enviados e recebidos, a medida mais eficiente para se conseguir preservar o direito à privacidade e proteção de dados pessoais é a prevenção. Para se atingir esse trunfo, a aplicação do *Compliance* torna-se cada vez mais necessária, tanto que profissionais de renome nacional e internacional já apresentam esta era como a era do *Compliance*.

[225] MAFFEI, José Luiz Gonçalves – **Curso de Auditoria**. *Op. Cit.* P. 90.

Na aplicação do *Compliance,* é comum uma mudança de processos internos, assim como controlos operacionais e, para tanto, é necessária uma mudança de comportamento da equipa através da capacitação, sendo que o resultado disso é uma reeducação e ética em grande parte solidificadas.[226]

O principal intuito será também facilitar ou tornar a maneira como os humanos os utilizam para desempenhar as suas atividades do lar, laborais, lúdicas ou académicas mais simples e célere. Com isso, proporciona-se uma interação e comunicação entre as pessoas que, para que tal aconteça, precisam de estar habilitadas para essa nova roupagem de educação diante das novas tecnologias.[227]

Desta forma, torna-se cada vez mais imperiosa a aplicabilidade de instruções para o manuseio, além de uma maior compreensão acerca do funcionamento das tecnologias como a internet e os seus meios de comunicação. Estas seriam instruções relacionadas ao uso indevido do equipamento e um lembrete de que, mesmo operando novas tecnologias e/ou ferramentas de comunicação, é de extrema necessidade o respeito pelas legislações vigentes. Exemplos a ter em conta são a Carta fundamental do Estado e demais normativos em vigor que procuram promover garantias, direitos e liberdades, como a inviolabilidade das correspondências, das comunicações, da vida privada, assim como da intimidade das pessoas. É ainda de ressalvar que muitos acreditam que, por exemplo, a internet não possui lei nem deixa rasto.

O principal viés é disciplinar com vista à obtenção de uma maior consciência na utilização destas novas tecnologias, assim como expor a todos – dos sócios aos funcionários –, as consequências de usar, por exemplo, o ciberespaço e os dados de maneira irresponsável. Fica claro que, para que essa aplicabilidade da educação ocorra, seja no cartório ou no dia a dia, é necessária uma massificação na transmissão de valores éticos e morais, visto que a tecnologia, com todo o seu crescimento, implica a

[226] CARNEIRO, Claudio – **Compliance e a cultura de paz.** "pela necessidade de uma mudança comportamental que se solidifica com a educação e a ética". Et al GALILEU – *Ibidem.*

[227] FRAIMAN, Leo. Valores Essenciais em um mundo cada vez mais digital. et al. (Org.) ABRUSIO, Juliana. **Educação Digital.** São Paulo: Revista dos Tribunais, 2015. ISBN978-85-203-6293-8. p. 9.

necessidade de passagem por um processo de educação digital por parte dos utilizadores.[228]

Além da formação para todos, deve ser percebido que hoje se está compulsoriamente inserido num meio digital, mas que nem todas as pessoas nasceram em tempos de internet e que, por isso, existe uma dificuldade de adequação e de habilitação no que ao espaço cibernético diz respeito. De facto, quando se versa acerca de educação digital, qualquer que seja o âmbito, conclui-se que a sociedade é, em grande parte, constituída por pessoas iletradas nesta área. Mudar este cenário torna-se, então, apenas possível através de uma transmissão massiva de valores éticos e morais que irão proporcionar uma evolução da educação de todos diante deste meio digital.[229]

Não há registo de qualquer trabalho informativo em massa para educar o utilizador a cuidar das próprias informações no ambiente cibernético da sociedade da informação. Isto torna-se ainda mais preocupante num ambiente que se trata apenas com dados de terceiros e, acima de tudo, dados sensíveis, como nome, números de documentos pessoais, biometria, dados médicos, fotos, entre outros. A cultura da nossa sociedade não se encontra direcionada para a prevenção, principalmente no que diz respeito ao espaço cibernético, pois é uma inovação e muda a cada dia, com novos recursos e novos equipamentos, acabando por se tornar difícil atentar à questão, apesar da sua relevância.[230]

Uma das teorias expressas por um grupo de especialistas em segurança digital está relacionada com a falta de preparação da nossa sociedade no que concerne à proteção diante do ambiente cibernético. Por consequência, não estamos, de forma geral, habilitados para fazer uso deste recurso.[231] No seguimento deste facto, será possível treinar a competência de funcionários para se estar em conformidade diante do meio cibernético? De acordo com o *Compliance* digital, é necessário. Mas para que serve tanta educação no campo de um ambiente tão novo como a internet?

[228] Idem. *Op. Cit.* p. 10.

[229] PINHEIRO, Patricia Peck. **DireitoDigital.** 6. ed. São Paulo: Saraiva, 2016. *Op. Cit.* P. 38.

[230] PAESANI, Liliana Minardi. **Direito da Informática:** Comercialização e Desenvolvimento Internacional de Software. 9. ed. São Paulo: Editora Atlas S.A., 2014. P .66

[231] PINHEIRO, Patricia Peck. **DireitoDigital.** 6. ed. São Paulo: Saraiva, 2016. *Op. Cit.* P. 39.

Diante do exposto anteriormente, pode-se acreditar que os dados de um utilizador comum da rede de computadores não têm valor algum, mas quando se trata de dados sensíveis, existem pessoas conhecidas como *Crackers*[232] que se trata de invasores, intrusos que poderão estar à procura dos mesmos. Então, todo o cuidado é pouco quando se trata e mantém dados sensíveis de terceiros no ambiente cibernético, Para efetuar tal situação em segurança devem ser promovidas, de forma permanente, formações com boas práticas, assim como a oferta de exemplos valorosos com base ética, moral e de segurança da informação, que serão abordados posteriormente.

Diante das formações para capacitação digital promovidas pelo *Compliance,* deve ser dada ênfase ao *accountability*. Este termo é o resumo da evolução da responsabilidade, e essa evolução traz proatividade, resposta através de resultados, *feedback* imediato – seja positivo ou negativo –, entre outros. Resumindo, é o que todos os estabelecimentos na esfera privada e pública necessitam por parte dos seus colaboradores, incluindo sócios, gestores, e funcionários.

Mas o que significa essa palavra estrangeira, que na verdade ainda utilizamos na sua forma original? Muito utilizada quando se fala sobre gestão e governança corporativa, *accountability* é uma virtude moral, uma evolução da resposta da proatividade e, explicada de forma resumida, é o ato de trazer para si a responsabilidade e alcançar resultados.[233]

De forma contrária ao *accountability,* existe também a desculpa para justificar alguma procrastinação. Esta resume-se em afastar de si a responsabilidade, de uma maneira ou de outra; ou seja, tendo culpa pelo ato mal feito ou ignorando a execução deste ato.[234] O intuito é livrar-se de eventuais problemas, culpando o outro por situações que foram geradas pelos nossos

[232] VANCIM, Adriano Roberto; MATIOLI, Jefferson Luiz. **Direito & Internet:** Contrato Eletrônico e Responsabilidade Civil na Web. "O *cracker* recebe essa nomenclatura por ser Crime Hacker, ou simplesmente por serem quebradores, traduzindo diretamente o termo do inglês. Quando se fala quebrador, é pelo motivo que o cracker visa quebrar a segurança de algo. Os *crackers,* também conhecidos como *Black Hat* são aqueles que tem também um conhecimento acima da média, mas utilizam para se beneficiar de maneira ilícita, gerando assim delitos.". 2. ed. França – SP: Lemos & Cruz, 2014. ISBN 978-8599895559.

[233] CORDEIRO, João. ***Accountability***: A evolução da responsabilidade pessoal nas empresas. 1 ed. Évora. São Paulo, 2013. ISBN:978-85-63993-71-7. P. 01

[234] Idem. *Op. Cit.* P. 02.

atos. Tomemos por exemplo: "mas foi por causa da chuva que molhou os livros"; "mas foi por ter havido muita gente para atender ao balcão"; "a culpa foi do software, pois não avisou que estamos errados"; "a culpa foi do suporte técnico que não me ensinou isto ou aquilo"; "a culpa foi da internet, que caiu"; "a culpa foi do diretor"; "é que estou muito ocupado a estudar para as provas"; "é que viajo muito e não me lembrei". Elencar todo o tipo de desculpas, faria com que esta escrita a tais exemplos se dedicasse em exclusivo. Os poucos supracitados podem ser, contudo, percebidos corriqueiramente perante cartórios, instituições públicas ou privadas e pessoas. Resumindo, a culpa será sempre de terceiros quando não se traz a responsabilidade proativa do *accountability* mas sim da desculpa pela procrastinação.[235] Não obstante, a desculpa é, infelizmente, algo natural no ser humano; todos nascem preparados para se defender com palavras, e essa função vai atuar como um mecanismo de defesa. Esse ato deverá, porém, ser desencorajado através da educação recebida no decorrer da vida, seja na escola, em casa ou, posteriormente, em estabelecimentos profissionais.[236]

Não é impossível nascer com a virtude de *accountability* e, mesmo que em minoria, são essas pessoas positivas que influenciam aqueles ao seu redor. Mas quem não nasce com ela, poderá procurar tornar-se assim através de análise de valores, estudando a ética, a moral, o Direito, a responsabilidade, a gestão, bem como adquirindo qualidades de líder. No entanto, o principal fator para se possuir o *accountability* é a ânsia pela justiça, pela anticorrupção pessoal e/ou profissional.[237] Ser adepto desse preceito ou fomentar em si e nos seus colaboradores tal qualidade diante do tratamento de dados, tornará a pessoa num profissional mais competente, num gestor com base na liderança e focado em resultados, num pai, uma mãe ou um filho melhores, numa pessoa mais flexível com maiores probabilidades de lidar melhor com situações mais delicadas mas, principalmente, num humano com mais qualidades.[238] Elencar-se-ão, seguidamente, algumas recomendações para pôr em prática o conceito de *accountability*: dar sempre resposta ao que foi solicitado; ter prontidão; dar o exemplo; se algo for

[235] Idem. *Ibidem*

[236] Idem. *Op. Cit.* P. 03

[237] Idem. *Ibidem*

[238] Idem. *Op. Cit.* 05.

pedido, ignorar o que dispensável, como o telemóvel; anotar tudo que for solicitado, mantendo uma lista de tarefas; manter o foco no objetivo, colhendo o que for útil em reuniões, por exemplo; perguntar o que desejar entender não para testar outros, nem para reduzir alguém; responder com transparência; repetir o que foi solicitado para assim confirmar o pedido do líder; aperfeiçoar a capacidade de escutar; agradecer pelos resultados obtidos; nos erros, demonstrar como a pessoa poderá melhorar; mostrar as evoluções obtidas.

São conselhos simples que fazem com que todos acabem por evoluir enquanto pessoa, diante da execução responsável e contributiva de todos, sem escora, sócio, diretor, ou presidente como o centro de tudo e com uma administração assente num líder que fará uma gestão da sua equipa de forma a que esta evolua como um todo. Como consequência, os colaboradores obterão resultados de excelência e a sua auto-estima aumentará, atingindo-se maior probabilidade de êxito na aplicação da conformidade digital. Só desta forma se conseguirá obter maior segurança nos dados e, assim, preservar as garantias, liberdades, e direitos fundamentais de cada indivíduo registado nas bases de dados do estabelecimento.

3.5. Políticas de Conformidade Digital

A aplicação do trabalho de conformidade é necessária, determinante, e de extrema importância, pelo que aqui será abordada – embora de forma breve e elementar –, de modo a proporcionar um melhor entendimento do conteúdo desta temática. Na busca pela conformidade, a criação da política de *Compliance* deve ser previamente definida e aplicada na organização, estabelecendo valores, éticas e crenças e organizando sistemas de controlo que proporcionarão um comportamento positivo para atingir o objetivo. Essas políticas devem ser iniciadas por aqueles a quem cabe dar o exemplo – a alta administração –, tendo de ser acatadas e obedecidas, tanto pelos sócios, quanto pelos funcionários.[239] Quando uma organização está em *Compliance*, os prestadores de serviço e clientes deverão também acatar as positivas ao relacionar-se profissionalmente com esta empresa. Tomemos, pois, por exemplo o provedor de internet ou o profissional de infraestrutura de rede, dado que, quando

[239] CARNEIRO, Claudio; SANTOS JUNIOR, Milton de Castro – **Compliance e Boa Governança**: Pública e Privada. *Op. Cit.* P. 51.

se procura proteger a privacidade dos titulares dos dados, deve-se ir sempre além.

Quando, numa organização, se aborda e aplica sobre política de conformidade, quer dizer que esta empresa procura integridade, procura estar em *Compliance*, assumido um compromisso entre toda a equipa. Deve, por isso, ser percebido que, para tal aplicação, é importante começar pela alta organização, dando assim um exemplo a seguir pelos demais membros da equipa.[240]

O foco das políticas de conformidade que procuram a segurança do *Compliance* digital não se resume, contudo, a procedimentos educativos básicos e reiterados; consiste também, conforme abordado previamente, num trabalho de reaprendizagem e reeducação permanentes e em constante reestruturação. Mas como poderão estas medidas básicas prevenir que ciberataques terroristas por *ransomware* atinjam uma empresa? Para evitar que tal situação aconteça, se repita ou simplesmente que a probabilidade de ocorrência seja menor, deve o profissional de *Compliance* rever a formação sobre política da informação com todos os funcionários da companhia, focando-se na importância de que todos os arquivos abertos e de que todos os *downloads* feitos podem acarretar perigos, como um *ransomware*. É importante colher também um termo de confidencialidade e responsabilidade relativamente aos arquivos recebidos e compartilhados.

Entre as principais tarefas[241] do *Compliance Officer* estão: formação sobre cada detalhe presente nos termos; recolha do termo de confidencialidade; recolha do termo de responsabilidade; aplicação das políticas definidas; atualização das políticas, termos e formações; manutenção reiterada da fiscalização.

Como muitas vezes os *malwares – Malicious Softwares* são direcionados para o sistema operacional *Windows*, verificaremos o que a *Microsoft*, devido à sua massiva popularidade,[242] propôs como principais medidas de boas práticas para os utilizadores seguirem. São elas: não visitar sites

[240] *Idem – Ibidem.*

[241] MENDES, Francisco Schertel; CARVALHO, Vinicius Marques de - **COMPLIANCE.** P. 125

[242] MICROSOFT - **Proteger seu computador contra ransomware**. 2017. [Em linha]. [Consult. 15 dez. 2017]. Disponível em

não seguros, suspeitos ou falsos; não abrir emails e anexos de email não esperados ou enviados por pessoas desconhecidas (situação abordada nesta escrita); não abrir links mal-intencionados ou fraudulentos em emails, Facebook, Twitter e outros *posts* nas redes sociais ou em *chats* de mensagens instantâneas, como o Skype.

Segundo a *Microsoft*, entre as principais medidas de Segurança da Informação para os Profissionais aplicarem estão: manter o computador atualizado com a versão mais recente do *Windows*; manter o *Windows Defender Antivirus* para ajudar a proteger contra vírus e *malware*; manter o histórico de arquivos se ele não tiver sido ativado pelo fabricante do computador; fazer *backup* do conteúdo do computador com regularidade; aproveitar o espaço de armazenamento para manter duas cópias dos dados do computador.

O utilizador deve seguir uma *checklist*[243] para se manter seguro. Entre alguns dos vários itens percebidos, estão: procurar utilizar o melhor antivírus e o navegador mais seguro; manter atualizados o *Windows*, aplicações instaladas e antivírus; nunca abrir anexos sem ter a certeza da origem; usar uma *firewall*; nunca usar softwares não originais; proteger as informações através de *backup* (como política de segurança). O *backup*[244] é uma cópia de segurança e é o maior trunfo contra a violação e o vazamento de informações através da encriptação causada, não só pelo *ransomware*, como por qualquer problema no equipamento. Através da cópia se segurança, os arquivos importantes estarão, portanto, seguros num dispositivo de armazenamento externo ou na própria nuvem.

O *cert.br* na sua Cartilha para Segurança na Internet ensina que:

> Fazer *backups* regularmente também é essencial para proteger os seus dados pois, se seu equipamento for infectado, a única garantia de que você conseguirá acessá-los novamente é possuir *backups* atualizados. O pagamento do resgate não garante que você conseguirá restabelecer o acesso aos dados.[245]

[243] SANTOS, Cleórbete – **Muito Além do Antivírus**. 1 ed. Palmas: [s.e.], 2017. [Edição do Kindle].
[244] ESET Portugal – **Ransomware? O backup pode ser seu melhor amigo**. 2016. [Em linha]. [Consult. 15 dez. 2017]. Disponível em https://blog.eset.pt/2016/04/ransomware-backup-pode-melhor-amigo/
[245] CERT.br – **Cartilha de Segurança na Internet**: ransomware. 2017. [Em linha]. [Consult. 15 dez. 2017]. Disponível em

Se o computador parar ou por algum outro motivo os dados e as informações nele contidos ficarem indisponíveis ou danificadas bastará, por exemplo, repor as informações armazenadas no dispositivo de *backup* noutro computador sem defeito nem *malware* e continuar o trabalho. O *backup* deve ser frequente e periódico, seja de hora em hora, seja diário, tudo de acordo com a demanda e movimento das informações.

A aplicação efetiva do trabalho de *Compliance* digital minimizará os riscos diante da promoção e reeducação em toda equipa de funcionários ou servidores públicos, mas mesmo assim poderão ainda ser afetados por ataques de *hackers* ou infeção por algum *malware*. O simples clique num *link* malicioso ou a inserção de uma *pendrive* num computador poderão causar danos irreparáveis e, como consequência, poderá haver uma abertura do dispositivo a um atacante mal-intencionado não autorizado, fazendo com que dados possam ser violados e/ou vazados.

A busca pela boa governança e pela gestão de riscos de TI fazem apenas com que os riscos diminuam, visto que a segurança plena não existe. Segundo Fred Cohen, existem dois dos conceitos base para a segurança de TI, sendo o primeiro a não existência de segurança absoluta, e o segundo a não existência de risco zero. Esta disrupção acaba por ser inevitável dado que as redes se mantêm estáveis no tempo, não existindo atualizações das políticas e processos de segurança, o que se baseia muito no conceito de "se sempre funcionou desta maneira, não há que alterar". Outro dos fatores fundamentais que sustentam essas afirmações são a grande superfície de ataque que impossibilita determinar todos os vetores onde possam surgir vulnerabilidades.[246]

Os argumentos apresentados por Fred Cohen continuam válidos e cada vez mais assentes na realidade tecnológica em que vivemos já que, com o aumento das superfícies de ataque, há uma maior probabilidade de surgimento de novas vulnerabilidades que não existiam. Tudo isso só confirma cada vez mais os seus dois conceitos: a segurança nunca será absoluta nem o risco será de zero, logo apenas conseguimos tornar um sistema menos inseguro.

Após uma análise de risco, determinamos que o único caso em que o risco pode ser zero é quando um sistema não possui vulnerabilidades nem

[246] COHEN, Fred – **Dr. Fred Cohen**. [Em linha]. 2018. [Consult. 14 nov. 2018]. Disponível em: http://fc0.co/

ameaças que as pretendam explorar, ou quando as informações ou sistema presentes nesse ativo não possuem nem interesse, nem impacto para a pessoa coletiva ou singular. No caso mencionado trata-se de uma situação hipotética que se traduz no contexto real apenas quando esses ativos se tornam desprezíveis e são desativados para cessar funções.

Mesmo diante da não plenitude da proteção de dados e do enorme contributo da busca pela perfeição através do *Compliance*, pode-se dizer que os processos são de extrema importância para que a empresa alcance a proteção dos dados. Dentro desses processos, pode-se selecionar algumas medidas principais que permitem conformidade com o RGPD. O primeiro ponto está diretamente ligado à preparação dos funcionários, às medidas técnicas realizadas nos equipamentos e também ao estudo do ambiente em relação aos riscos inerentes aos principais setores e funções. Este consiste, assim, na adoção de medidas técnicas e organizacionais, verificando os ambientes aos quais se deve dedicar maior atenção. Outro ponto fundamental para comprovar a conformidade é que não basta seguir os processos e afirmar que estão feitos; é necessário gerar documentos probatórios para confirmar a sua versão. Por fim, observa-se a aplicação da proteção de dados desde a sua conceção e da proteção de dados por defeito, o que significa, respetivamente, a proteção dos dados desde o momento inicial da sua obtenção, de acordo com a regulamentação desde o consentimento do proprietário, e a proteção dos dados no que diz respeito ao seu tratamento, verificando todos os processos definidos pela empresa para garantir que esses dados tenham o tratamento correto de acordo com o RGPD.[247]

3.6. As *Softlaws* e o *Compliance* Digital

Para a efetivação da aplicação do *Compliance* digital diante da lei de proteção de dados, é necessário seguir alguns padrões internacionais, nomeadamente algumas ISO[248] da família 27000, como a 27001 e 27002. É igualmente primordial a execução da ISO 27701 e 29151 que trazem o *Compliance* digital para promover a proteção de dados de forma técnica e seguir a determinação jurídica presente no Regulamento Geral

[247] ANTUNES, Luís – **Pôr em Prática o RGPD**. FCA – Editora de Informática: Lisboa. ISBN: 978-972-722-896-6. P. 89.

[248] ISO – Internacional Standard Organization – Organização de Padrões Internacionais.

de Proteção de Dados da Europa. A ISO 27035 refere procedimentos direcionados ao âmbito forense e diretamente associados à Lei 46/2018, visto que são esses os procedimentos a ser seguidos pela equipa de resposta aos incidentes de fuga e violação de dados. No que visa a gestão do *Compliance* e antissuborno, podem serem elencadas as ISO 19600 e 37001, respetivamente.

Os países não criam as suas próprias normas técnicas e, mesmo as normas internas – conforme acontece com a transposição de convenções internacionais –, podem ser trazidas para o seu ordenamento apenas de forma parcial. As normas técnicas são direcionadas, nesse caso, ao ambiente de segurança da informação e esse meio informático normalmente possui protocolos, tecnologias, sistemas idênticos no mundo todo. Como exceção, ocorre a hipótese de criação, pelo próprio Estado, de uma tecnologia que se utilize dentro das suas fronteiras, de forma exclusiva, e em nada impedindo a utilização da ISO como base para normas internas, como a NBR.

Para explicar melhor essas ISO diante do Direito e de um ordenamento jurídico, é necessário entender o que são as *softlaws*. O instrumento que regula a sociedade é o Direito e, quando essa regulação está direcionada ao contexto mundial, elenca-se o Direito internacional. A sociedade internacional possui, assim, o Direito Internacional, com os seus mecanismos e normativos, para regular a ação entre os sujeitos.[249]

O Direito Internacional pode ser retratado em duas vertentes. Numa primeira abordagem, apresenta-se como um mecanismo de imposição de poder que traz aos países mais poderosos a imposição da sua regulação diante dos mais enfraquecidos. Já a segunda vertente expõe o Direito Internacional como limitador, pois regula a imposição dos países mais fortes face aos mais fracos, o que sucede pela limitação do uso da força no pleno respeito pelos direitos humanos.[250]

O ambiente internacional possui diversas normas, como declarações, acordos, convenções, tratados, e ainda normas de padrão técnico internacional. A *Softlaw* pode ser considerada um padrão de norma flexível[251] não

[249] NEVES, Miguel Santos et al. **Introdução ao Direito. Et al.** Introdução ao Direito. ***Op. Cit.*** p. 67

[250] *Idem – Ibidem.*

[251] **NASSER**, Salem Hikmat – **Fontes do direito internacional**: um estudo sobre a softlaw. 2 ed. São Paulo: Atlas, 2006.

positivada na ordem jurídica do país, pelo que pode ser elencada a ISO 27701 e 28151. Esta norma, não sendo obrigatória, constitui a essência para se atingir o *Compliance* de um diploma jurídico, como o Regulamento Geral de Proteção de Dados da Europa.

A definição de *Softlaw* é o inverso da definição de *Hardlaw*. Assim, como previamente mencionado, a *Softlaw* é flexível e o Estado não a tem como obrigatória. Já a Hardlaw está positivada e tem caráter impositivo, com o dever obrigacional de obediência.[252] As *softlaws* podem ser tratadas por algumas doutrinas de forma horizontal junto das fontes autónomas, devendo por isso ser tidas como relevantes e, inclusive, como fonte do Direito Internacional formal.[253]

Quando se trata de fonte do Direito Internacional formal, o Artigo 38º do Estatuto da Corte Internacional de Justiça faz referência aos seus tratados, costumes e princípios gerais que possuem autonomia. Há quem verse sobre a inexistência de órgãos competentes internacionais para legiferação, bem como de uma autoridade regulatória para impor os diplomas internacionais diante dos países. Em consequência, nega-se o este tipo de Direito que, diante do mundo globalizado, é cada vez mais necessário, tanto no contexto da atuação do Direito Internacional, quanto da relação cooperativista e comunitarista entre Estados.

A aplicação de *softlaws* como a ISO 27701, que é um marco regulatório internacional não obrigatório, torna-se necessária no âmbito de empresas públicas ou privadas. Está-se, deste modo, a procurar a sua adequação diante do Regulamento Geral de Proteção de Dados da Europa e, por consequência, de outros diplomas de proteção de dados de diferentes Estados. Trata-se, indubitavelmente, de um marco para o *Compliance* Digital.

3.7. Paradigmas Cibernéticos para Mitigar pelo *Compliance*

O crescimento tecnológico traz mudanças nos padrões de uma sociedade. Nesta escrita, esse momento é apresentado como sociedade da informação, sociedade essa que se transforma exponencialmente com o advento do ciberespaço, conceito que vem criar possibilidades para a vida de todos, sobretudo positivas, mas também negativas. São, pois, originados

[252] *Idem – Ibidem.*

[253] *Idem – Ibidem.*

conflitos diante dos normativos regulatórios, conflitos esses que poderiam ser evitados caso a conformidade fosse procurada de uma maneira massiva e preventiva através do *Compliance* digital.

Cláudio Carneiro elabora um discurso imperioso em que reforça que atualmente se vive na era do *Compliance*. As suas palavras são de extrema relevância para o tema visto que, observando pela perspetiva da sociedade da informação e da proteção de dados, a procura pela preservação de direitos, garantias e liberdades deve ser cada vez mais tutelada preventivamente. Isto acontece, pois, nem sempre se conseguirá regular de forma posterior diante das novas tecnologias, como quando se armazena algo numa *blockchain*.

Assim como as novas possibilidades acedidos pelos ataque híbridos, seja através do espaço magnético para parar estruturas físicas, como hospitais, transportes públicos, por exemplo, como ataques a ambientes físicos para indisponibilizar serviços digitais.

3.7.1. *Blockchain* e o Esquecimento

A *Blockchain* é também conhecida como o protocolo da confiança. Consiste numa tecnologia que, através da descentralização, proporcionará segurança da prova de trabalho por meio da validação das transações, sendo que esta fragmentação proporciona um armazenamento do seu conteúdo em vários locais e não num único servidor. A tecnologia *blockchain* fragmenta e descentraliza os dados que fazem uso dessa tecnologia mantendo, assim, uma cópia de segurança de todas as validações das transações. Ficam, deste modo praticamente impossibilitadas a perda e/ou alteração de algum dado já validado no bloco. A *blockchain* é uma tecnologia inovadora pois é a única do mundo digital que não pode ver o seu conteúdo alterado nem excluído dado que, depois de validada a transação, esta torna-se imutável.[254] A comunicação *inter partis* ponto a ponto (*peer-to-peer*), é uma comunicação direta entre duas partes sem que seja necessário algum tipo de intermediário. Como exemplo, poder-se-á referir o registo de um contrato exclusivamente entre duas partes, excluindo um terceiro elemento, como um advogado ou cartório. Difere, pois, dos modelos de transações atuais que, para além da eterna procura pela centralização de informação, ainda necessitam de um terceiro elemento que irá proporcionar a

[254] ARAÚJO, Humberto Xavier de; PRATA, David Nadler; SANTOS, Cleórbete – **Fundamentos da Tecnologia Blockchain**. Editora Amazon. [Kindle]. ISBN 978-10-80003-40-2. 11%

validação da transação e só assim indicar a vontade das partes envolvidas na transação. A sociedade em geral não está, no entanto, pronta para excluir totalmente os terceiros de confiança para efetuar todos os tipos de registo, pois vários negócios jurídicos poderiam acabar viciados por má-fé ou por falta de preenchimento dos pré-requisitos legais proporcionados pelo desconhecimento legal das partes.

Alguns princípios são mais evidentes da tecnologia *blockchain*, de acordo com William Mougayar,[255] como por exemplo, a prova de trabalho. Satoshi Nakamoto, fala que a tecnologia *blockchain* tem como base a validação de transações, valores, ativos entre partes, sem a assistência de intermediários, devido a segurança técnica da distribuição aberta.

A *blockchain* não é uma tecnologia exclusiva dos Criptoativos, sendo que as mais conhecidas são as públicas,[256] como a do Bitcoin e Ethereum. Podem, no entanto, também ser desenvolvidas *blockchains* privadas, mesmo que a sua validade seja questionada.

Normalmente, a denominação dada ao ato de eliminar conteúdo do ambiente cibernético é “remoção de conteúdo”. Todos têm direito ao esquecimento e à eliminação, o que comummente ocorre quando existe informação errada ou uma notícia falsa que afeta a dignidade da pessoa relacionada, unida à falta de relevância social, penal e fiscal.[257] Por outro lado, surge um embate entre dois fatores: de um lado tem-se a previsão legal para a exclusão de dados da rede ou simples necessidade de exclusão da informação errada, do outro tem-se a existência de tecnologias que normalmente não permitem essa exclusão, como é o caso da *blockchain*.[258] Como previamente mencionado, *blockchain* é uma cadeia de dados que não podem ser alterados ou apagados; ela é inviolável por vias comuns, assim manifestando o problema inerente à sua utilização. Através de pesquisas[259] foi possível encontrar diversos conteúdos de teor ilícito, incluindo pornografia infantil. A possibilidade de adicionar conteúdo ilícito que não pode

255 MOUGAYAR, William. **Blockchain para Negócios** – *Ibidem.*

256 ARAÚJO, Humberto Xavier de; PRATA, David Nadler; SANTOS, Cleórbete – **Fundamentos da Tecnologia Blockchain.** *Ibidem.*

257 GUERREIRO, Pedro. **RGPD e o Blockchain: uma nova lei e um novo desafio**. 2018. Disponível em

258 Idem. *Ibidem.*

259 Idem. *Ibidem.*

ser apagado ou alterado implica, desta forma, a possibilidade de a própria tecnologia se tornar ilícita.[260]

Assim, de acordo com a situação descrita, fica evidente a incerteza que tal tecnologia implica diante da sua aplicabilidade direta, pois o conteúdo armazenado na *blockchain* pode ser inapagável, incorrendo na possibilidade de violação direta da privacidade de uma pessoa singular. Tal procedimento poderia ser evitado através de *Compliance* digital no desenvolvimento de uma aplicação que utilize a tecnologia *blockchain*, pois indicaria para o armazenamento na *blockchain* apenas conteúdos não pessoais, tal como o que propõe a sua finalidade: um livro razão.

3.7.2. Privacidade x Informação

A privacidade e a intimidade das pessoas fazem parte dos direitos, liberdades, e garantias pessoais e estão positivados, tanto na Constituição Federal Brasileira de 1988, quanto na Constituição da República de Portugal de 1976. Tais direitos, quando violados, acabam por causar danos e ofensa à dignidade da pessoa humana.

Surge então um debate sobre o aspeto absoluto do direito à privacidade pois, quando há conflito entre o direito à privacidade e outros direitos de personalidade, é possível que o direito à privacidade sofra algum tipo de limitação. Essa situação é claramente observável quando existe uma ameaça de terrorismo, uma vez que acontece uma limitação ou total retirada do direito de privacidade dos suspeitos da ação, ressalvando-se o direito à vida e à segurança sobre o direito à privacidade. Outro momento em que é possível perceber a limitação do direito à privacidade é quando este vai de encontro à liberdade de expressão e ao direito à informação, pois tratando-se de pessoas que possuam notoriedade pública e de informações do interesse da coletividade, é claramente possível a limitação da privacidade desses indivíduos. Deve, porém, haver sempre lugar à ponderação entre esses direitos incompatíveis, não sendo permitido o excesso. É possível verificar, em diversas áreas da vida privada, a limitação do direito à privacidade, que deve ocorrer sempre que o bem jurídico tutelado seja, de certa forma, superior à privacidade do indivíduo.[261]

[260] Idem. *Ibidem*.

[261] CORREIA, Victor – Da Privacidade: Significado e Valor. *Op. Cit.* P. 68.

O Artigo 25º, 1,[262] da Constituição Portuguesa inicia o provimento de tal proteção ao versar que "a integridade moral e física das pessoas é inviolável", assim como o Artigo 26º, 1[263] refere que deve ser dada magnitude "...à reserva da intimidade da vida privada e familiar e à protecção legal contra quaisquer formas de discriminação". Desta maneira, a importância da preservação da integridade moral está presente em ambos os artigos, tal como a necessidade da intimidade da vida privada. Já na Constituição Brasileira, o Artigo 1º, III[264] versa que o direito à dignidade da pessoa humana é um direito fundamental, sendo esse um dos princípios basilares de tal Carta Magna. Com isso, o Estado promove a proteção, procurando, assim, garantir a paz moral de cada indivíduo. Por sua vez, no Artigo 5º, X,[265] é expressa inviolável inviolabilidade da vida privada, da honra e da imagem das pessoas, sendo da obrigação do Estado a promoção de tal proteção e segurança para que isso não ocorra.

Contudo, mesmo com tantas garantias de ambas as Constituições – tanto do Brasil quanto de Portugal –, a proteção da intimidade e da privacidade bate-se diretamente com outras garantias constitucionais, também contempladas em ambos os documentos. São exemplo disso o direito à informação e o direito ao exercício de trabalho de qualquer profissão, nomeadamente na área do jornalismo.

[262] CONSTITUIÇÃO da República Portuguesa de 1976, de 10 de abril. **Artigo 25, 1** – ""A integridade moral e física das pessoas é inviolável.". 4ª ed. Coimbra: Almedina, 2017. ISBN 978-972-40-6867-1. p. 16.

[263] Idem – **Artigo 26, 1** – "A todos são reconhecidos os direitos à identidade pessoal, ao desenvolvimento da personalidade, à capacidade civil, à cidadania, ao bom nome e reputação, à imagem, à palavra, à reserva da intimidade da vida privada e familiar e à protecção legal contra quaisquer formas de discriminação." – ***Ibidem***.

[264] CONSTITUIÇÃO Federal Brasileira de 1988, de 05 de Outubro. **Art. 1º, III**: "A República Federativa do Brasil, formada pela união indissolúvel dos Estados e Municípios e do Distrito Federal, constitui-se em Estado democrático de direito e tem como fundamentos: III – a dignidade da pessoa humana;". [Em linha] [Consult. 20 Set. 2017]. Disponível em

[265] Idem – **Art. 5º, X**: "Todos são iguais perante a lei, sem distinção de qualquer natureza, garantindo-se aos brasileiros e aos estrangeiros residentes no País a inviolabilidade do direito à vida, à liberdade, à igualdade, à segurança e à propriedade, nos termos seguintes: X – são invioláveis a intimidade, a vida privada, a honra e a imagem das pessoas, assegurado o direito a indenização pelo dano material ou moral decorrente de sua violação;". [Em linha] [Consult. 20 Set. 2017]. Disponível em

No Brasil, a Constituição compreende as proteções citadas no Artigo 5º, XIII,[266] que garante o direito ao exercício do trabalho profissional, bem como no Artigo XIV,[267] que assegura ao povo o direito a receber informação, excluindo-se aqui os artigos que versam acerca da liberdade de expressão. Já na Constituição Portuguesa de 1976 está patente, no seu Artigo 38º,1, a garantia da liberdade de imprensa assim como, no Artigo 37º, se versa sobre a garantia a liberdade de expressão e, por último, no Artigo 39º, 1, se assegura o direito à informação, assim como à liberdade de imprensa.

No decorrer de ambas as Constituições poderão ser encontradas garantias contra os discursos de ódio, bem como o veto ao anonimato e outros artigos que, direta ou indiretamente, poderão ser abordados para favorecer o entendimento e as decisões acerca do direito a ser esquecido.

O direito à informação caminha de mãos dadas com a liberdade de expressão de quem emite a informação, tal como o direito de informar e ser informado. Todos têm o direito de receber, dos órgãos públicos e empresas de notícias privadas, informações do seu interesse, sejam essas de cunho particular, coletivo ou geral. Excetuam-se, no entanto, os casos cujo sigilo seja imprescindível à segurança da sociedade e do Estado.

Assim como o direito à informação caminha, conforme citado anteriormente, juntamente com a liberdade de expressão, surgem também os discursos de ódio, que normalmente são direcionados a pessoas com ideologias diferentes das de quem os profere. Existe, assim, um embate entre discursos de ódio e a liberdade de expressão.

No Congresso americano, foi afirmado que "o Congresso não pode elaborar nenhuma lei limitando – cerceando a liberdade de expressão ou

[266] CONSTITUIÇÃO Federal Brasileira de 1988, de 05 de Outubro. **Art. 5º, XIII**: "Todos são iguais perante a lei, sem distinção de qualquer natureza, garantindo-se aos brasileiros e aos estrangeiros residentes no País a inviolabilidade do direito à vida, à liberdade, à igualdade, à segurança e à propriedade, nos termos seguintes: XIII – é livre o exercício de qualquer trabalho, ofício ou profissão, atendidas as qualificações profissionais que a lei estabelecer;". – ***Ibidem***.

[267] CONSTITUIÇÃO Federal Brasileira de 1988, de 05 de Outubro. **Art. 5º, XIV**: "Todos são iguais perante a lei, sem distinção de qualquer natureza, garantindo-se aos brasileiros e aos estrangeiros residentes no País a inviolabilidade do direito à vida, à liberdade, à igualdade, à segurança e à propriedade, nos termos seguintes: XIV – é assegurado a todos o acesso à informação e resguardado o sigilo da fonte, quando necessário ao exercício profissional;". – ***Ibidem***.

de imprensa", assim permitindo que tais discursos se mantenham ativos no seu Estado soberano. Porém, no Brasil essa visão de liberdade de expressão não foi acatada, tendo em vista que o país já passou, por diversas vezes, por situações em que os direitos humanos foram completamente violados; portanto, essa decisão é tomada tendo como base a luta contra processos e pensamentos discriminatórios[268].

Em Portugal existe um movimento contra o discurso de ódio, seja *online*, seja *off-line* que luta contra os que "propagam, incitam, promovem ou justificam o ódio racial, a xenofobia, a homofobia" e outras formas de ódio baseadas na intolerância, assim como o *Cyberbullying*, reconhecendo tal ato como uma violação dos direitos humanos.[269] Trazendo a questão para um âmbito mais jurídico, é importante verificar até que ponto essa liberdade de expressão pode ser limitada e se, para que tal se verifique, é possível limitar um direito em detrimento de outro. Assim, quando a liberdade de expressão ferir outros princípios constitucionais igualmente importantes, poderá ser cerceada. Verifica-se, então, que vetar a liberdade de expressão é ferir os direitos humanos, mas quando esta viola outros direitos humanos como a honra, a dignidade, a paz e o direito à vida através de discursos de ódio, estes últimos deverão sobrepor-se-lhe.

O direito à informação por sua vez caminha lado-a-lado com o direito de imprensa promovido pelos jornais. O direito a prover informação tem caráter fundamental, mas caso se trate de conteúdo sensível e for publicado no espaço cibernético, essa situação poderá afetar diretamente o direito à proteção de dados de uma pessoa singular e, consequentemente, a sua personalidade. Estamos na era do *Compliance* e, como tal, a conformidade é a base para a prevenção contra a possível fuga e/ou violação de dados.

3.7.3. Extorsão por Bloqueio de Dados

Segundo a IBM, o *Ransomware*, como o próprio nome indica, é um *Malware*[270] nefasto que retém dados como se de um sequestro se tratasse,

[268] ***Idem* – *Op. Cit.*** p. 1134

[269] COUNCIL OF EUROPE – **Movimento contra o discurso de ódio**: Jovens pelos direitos humanos online. 2017. [em linha]. [Consult. em: 28 nov. 2017]. Disponível em http://www.odionao.com.pt/

[270] *Malicious Software*, traduzindo, Software Malicioso.

exigindo assim um pagamento como forma de resgate para que estes fiquem novamente acessíveis.[271] Ataques semelhantes às variantes *Petya* ou *WannaCry* são versões muito mais sofisticadas do *Malware* típico e que aproveitam as explorações vazadas e usam criptografia forte.

O *WannaCry*, acima citado, é uma praga do género *ransomware* e da espécie criptovírus.[272] Trata-se, pois, de um *software* malicioso direcionado exclusivamente a computadores que utilizam a plataforma *Windows* como sistema operacional, muito embora outros *ransomware* possam ser voltados para a plataforma *Linux*.[273]

Normalmente um *hacker* disponibiliza um *link* em sites inseguros, em aplicações pirata ou por email e, assim que é acedido pelo utilizador, pode abrir caminho a um posterior acesso por um terceiro não autorizado, podendo até permitir que um *ransomware* seja plantado. O invasor poderá violar a confidencialidade, integridade e disponibilidade do conteúdo, possibilitando o seu *status quo* apenas com o pagamento de um valor em criptomoeda.[274] A encriptação é, pois, o método mais seguro para se proporcionar a confidencialidade de informações e é precisamente esse o meio necessário para se proteger arquivos, senhas e, na verdade, tudo que tiver relevância quando se fala em informação. Para efetuar encriptação, é exigida uma senha – denominada chave –, sendo que só através desta se consegue fazer a decriptação e assim tornar as informações acessíveis novamente.[275] Concluindo, esta prática poderá ser utilizada, quer para proteger, quer para indisponibilizar, como no caso do *ransomware*. Quando tal encriptação é utilizada por um *hacker* para reter informações, não há uma real garantia de decriptação para tornar as informações disponíveis novamente, mesmo que o resgate seja pago.

[271] IBM – **Are you safe from ransomware attacks?** [em linha]. Acesso em: 27 nov. 2017. Disponível em

[272] SANTOS, Cleórbete – **Ataques do ransomware WannaCry e a Lei Carolina Dieckmann.** Acesso em: 13 dez. 2017. Disponível em

[273] TECMUNDO – **Entenda o que é ransomware**: o malware que sequestra computadores. Acesso em: 13 dez. 2017. Disponível em

[274] ***Idem – Ibidem.***

[275] WYKES, Sean Michael – **Cr1ptografia Essenc1al**: A Jornada do Criptógrafo.1 ed. Rio de Janeiro: Elsevier, 2016. ISBN 978-85-352-8605-2. P. 13.

3.7.4. Depósitos de Sítios Eletrónicos

Os sítios eletrónicos de notícias são, de forma geral, atualizados diariamente, podendo-se proceder à remoção de conteúdos, seja facultativamente, seja forma compulsória. Existem, no entanto, formas de aceder novamente a esses conteúdos, qualquer que seja a data, como a aplicação *Internet Archive – WaybackMachine*,[276] que pode ser acedida através do link *https://archive.org/web*

O *WaybackMachine* tem a função de recolher páginas da internet, assim como um depósito de sítios eletrónicos, gerando um histórico de mudanças. Essa ferramenta fará com que se consiga apresentar conteúdo que existiu em tempos em páginas *online* mas que entretanto foi alterado. Como exemplo, pode-se referir as atualizações de páginas de um endereço como *www.uol.com.br,* que o *WaybackMachine* torna acessíveis, possibilitando navegar no próprio *site* e aceder na íntegra ao seu conteúdo textual. Note-se, porém, que algumas imagens ou vídeos poderão ter desaparecido com o passar do tempo.

O principal propósito da apresentação do *WaybackMachine* é, não só referir o que foi citado no parágrafo anterior, mas também expor esta ferramenta como um meio de preservação de uma prova cibernética. Por exemplo, ao receber uma ameaça por meio de uma rede social, é possível inserir o link com esse conteúdo ofensivo no site *WaybackMachine* e este dá início ao processo de monitorização do mesmo gerando, assim, um histórico de todas as movimentações. Deste modo, no caso de a ameaça ser apagada, o *WaybackMachine* registará também esse facto.

Diante desse depósito de sítios eletrónicos, surge a possibilidade de se pedir um esquecimento de tal conteúdo, visto que esse repositório promove um acúmulo massivo de todo o conteúdo na internet. Mas e se o tal repositório utilizar a *blockchain* para garantir a organização e segurança do armazenamento dos sítios eletrónicos no seu depósito?

3.7.5. Tratamento Automatizado

Segundo o Regulamento Geral de Proteção de Dados – RGPD da Europa, como base para a análise de tal caso procura-se versar acerca das decisões

[276] INTERNET Archive – **WaybackMachine**. 2017. [em linha]. [Consult. em: 28 nov. 2017]. Disponível em https://archive.org/web

automatizadas perante o perfil do utilizador numa plataforma de uma empresa.

A definição de perfil ocorre quando se leva em consideração as características de um indivíduo para que, através desse mapa de características, seja possível fazer previsões. As decisões automáticas, por sua vez, consistem em decisões tomadas exclusivamente por máquinas, sem haver envolvimento humano, utilizando-se ou não a definição de perfis.

Este diploma aborda essa matéria, vedando as decisões tomadas exclusivamente por meios automatizados e que venham gerar efeitos jurídicos referentes ao indivíduo. Além da seara jurídica, existem outras áreas que utilizam este tipo de decisão, sendo mais comum na área financeira e bancária e gerando, assim, decisões mais rápidas, porém, mais limitadas. Há situações nas quais é possível a existência de decisões exclusivamente automatizadas, desde de que a utilização de algoritmos seja permitida por lei e que o meio adequado para a sua realização seja utilizado. Também é possível que esse método seja aplicado se se tratar da única forma de celebrar um contrato com um indivíduo ou quando haja o consentimento expresso por parte do mesmo. É de salientar que, nesses casos, é necessário proteger os direitos e liberdades individuais através do método adequado. Além disso, o indivíduo deve ser informado de todos os seus direitos, podendo este perante os mesmos contestar a decisão e exigir intervenção humana.[277]

Os seguintes artigos do RGPD, mais precisamente o 21º, 5, em grifo nosso, da Secção 4,[278] no inciso 5, mencionam que o utilizador poderá opor-se ao processamento de dados por meios automatizados. Perante um desconhecimento do setor de desenvolvimento de sistemas e mesmo sendo opcional por parte do titular, poderá surgir uma oposição. O meio que evitaria tal situação seria a busca pela conformidade através de uma

[277] COMISSÃO Europeia – Posso ser sujeito a decisões individuais automatizadas, incluindo a definição de perfis? 2019. [Em linha]. [Consult. 28 jun. 2019]. Disponível em:

[278] EUR-Lex – Regulamento (EU) 2016/679. do Parlamento Europeu e do Conselho, de 27 de abril de 2016, relativo à proteção das pessoas singulares no que diz respeito ao tratamento de dados pessoais e à livre circulação desses dados e que revoga a Diretiva 95/46/CE (Regulamento Geral sobre a Proteção de Dados) (Texto relevante para efeitos do EEE). 2016. [Em Linha]. [Consult. 28 jun. 2018]. Disponível em: https://eur-lex.europa.eu/legal-content/PT/TXT/?uri=celex%3A32016R0679

boa governança no desenvolvimento do *software,* pois desta forma os processamentos automatizados passariam a gerar um alerta preventivo.

O artigo 21, 5 do RGPD é claro ao expressar que o titular dos dados pode opor-se ao tratamento por meios automatizados. Para completar tal raciocínio, veja-se o artigo 22, 1 do RGPD, em grifo nosso, da Secção 4.[279] O Regulamento Gerado de Proteção de dados da Europa, no seu Artigo 22, esclarece diretamente aquilo que ao tratamento automático dos dados diz respeito, trazendo também os casos em que este será permitido, ou melhor, as circunstâncias em que será autorizado.

> Decisões individuais automatizadas, incluindo definição de perfis: 1. O titular dos dados tem o direito de não ficar sujeito a nenhuma decisão tomada exclusivamente com base no tratamento automatizado, incluindo a definição de perfis, que produza efeitos na sua esfera jurídica ou que o afete significativamente de forma similar.

O artigo 22, 1 determina que o titular dos dados tem o direito de não se sujeitar a decisão tomadas exclusivamente de forma automática que produzam efeito jurídico ou similar. Cabe então perceber que o indivíduo sofrerá uma punição que acarreta três meses de suspensão e que, com isso, terá o seu direito afetado por tal decisão. Todavia, esse ponto possui algumas exceções. Veja-se então os pontos a, b, c, que ditam a existência de casos excecionais quando:

> a) For necessária para a celebração ou a execução de um contrato entre o titular dos dados e um responsável pelo tratamento; b) For autorizada pelo direito da União ou do Estado-Membro a que o responsável pelo tratamento estiver sujeito, e na qual estejam igualmente previstas medidas adequadas para salvaguardar os direitos e liberdades e os legítimos interesses do

[279] EUR-Lex – Regulamento (EU) 2016/679. do Parlamento Europeu e do Conselho, de 27 de abril de 2016, relativo à proteção das pessoas singulares no que diz respeito ao tratamento de dados pessoais e à livre circulação desses dados e que revoga a Diretiva 95/46/CE (Regulamento Geral sobre a Proteção de Dados) (Texto relevante para efeitos do EEE). 2016. [Em Linha]. [Consult. 28 jun. 2018]. Disponível em: https://eur-lex.europa.eu/legal-content/PT/TXT/?uri=celex%3A32016R0679

titular dos dados; ou c) For baseada no consentimento explícito do titular dos dados.[280]

A decisão não se aplica ao 1 se: o titular dos dados possuir contrato celebrado com a empresa que está a efetuar o tratamento; for para salvaguardar direitos e liberdades legítimas do indivíduo; o titular possuir consentimento explícito desta pessoa singular.

Neste âmbito, apresentou-se, inclusive, um acórdão – o ECLI:EU: C:2017:197 do processo C-398/15– Manni, não diante do RGPD mas da anterior Diretiva 95/46/CE.[281] Sabe-se que a situação mencionada pode ser de cariz simples, mas pode igualmente ser atingida pelo RGPD e, por consequência, acarretar uma penalidade. Isso sucede, pois, há casos em que a pessoa singular se pode sentir moralmente ferida, tendo a sua personalidade e dignidade sido afetadas e os seus direitos, garantias e liberdades fundamentais violados diante da quebra de privacidade e da violação de dados.

3.7.6 Vazamento de Dados Pessoais

Os diplomas legais que em busca de regular o tratamento de dados pessoais tutelam pela privacidade e pelo o livre desenvolvimento da personalidade das pessoas singulares, naturais, estão cada vez mais aparentes.

A busca pela cibersegurança envolve dados pessoais, assim como dados referentes à segredos de Estado, estratégias, planeamentos entre outros mecanismos a visar a preservação e a ordem interna.

Assim, o exposto, a eficiência na aplicação desses normativos legais apresenta relação direta com a eficácia da norma. O tempo e o cruzamento de fronteiras, entre outros, são os grandes desafios no processo de investigação em forense digital em um incidente de segurança informática.

[280] *Idem – Ibidem.*

[281] Processo C-398/15. Acórdão do Tribunal de Justiça (Segunda Secção) de 9 de março de 2017. Camera di Commercio, Industria, Artigianato e Agricoltura di Lecce contra Salvatore Manni. Pedido de decisão prejudicial apresentado pela Corte suprema di cassazione. Reenvio prejudicial – Dados pessoais – Proteção das pessoas singulares no que respeita ao tratamento desses dados – Diretiva 95/46/CE – Artigo 6.o, n.o 1, alínea e) – Dados sujeitos à publicidade do registo das sociedades – Primeira Diretiva 68/151/CEE – Artigo 3.º – Dissolução da sociedade em causa – Limitação do acesso de terceiros a esses dados.

Esse incidente pode ser por exemplo, um vazamento de dados pessoais. A busca por dados pessoais, monitoramento das comunicações estão cada vez mais evidentes, basta verificar as notícias e o relatório de atividades de autoridades de proteção de dados.

Não existe segurança da informação plena, segundo Fred Cohen, mas essa situação pode ser claramente minimizada pela aplicação do *compliance* digital, a conformidade preventiva nos âmbitos técnicos envolvendo a tecnologia da informação, o direito, como também na administração, pois envolve a gestão e a governança.

O direito que é o instrumento de regulação social, mas nesse processo de transformação digital, com novas tecnologias presentes em produtos e serviços, mostra-se pouco eficiente em âmbito de repressão à violação dos direitos, garantias e liberdades fundamentais, trazendo à tona uma simbologia.

Vazamentos de dados em grande escala, que por vezes envolve conteúdo de pessoas singulares e coletivas de um Estado, muitas vezes não se consegue descobrir a origem do vazamento de forma plena. Por vezes a pessoa não conseguiu perceber que ocorreu um incidente de segurança, ou soube, mas por qualquer motivo não informou às autoridades nem aos titulares.

O vazamento de dados pessoais é o desafio que terá o seu enfrentamento cada vez mais diário, como também o processo de investigação, que estará encarregue em buscar através do forense digital, evidências para detetar indícios da origem de tal ilício.

Assim, o *compliance* digital, torna-se cada vez mais necessário também nesse cenário, pois a conformidade preventiva poderá minimizar os riscos, e por consequência, reduzir a necessidade repressiva do direito.

4.
Conclusão

Dado o exposto diante desta investigação científica e presente escrita, percebe-se um crescimento desenfreado de dados no globo terrestre; as pessoas que compõem a sociedade nunca criaram, enviaram e/ou receberam tanta informação. Vivemos numa época em que uma troca faz com que fronteiras sejam ignoradas e as soberanias consigam estar sob ameaça do ciberespaço.

O ciberespaço surge, assim, de uma maneira mais potente a partir da popularização dos computadores, telemóveis e internet entre as pessoas. Um espaço magnético, armazenamento lógico, com estrutura física e interligada, o ciberespaço faz com que o processo de globalização se acelere, possibilitando a comunicação entre pessoas que estão em Estados diferentes, seja para uma simples conversa, para estudar, trabalhar, comprar ou vender, entre outras infinitas possibilidades. Constrói-se, desta forma, uma nova cultura entrelaçada com modelos sociais estatais distintos e que desconstrói padrões, pois o simples contacto entre culturas diferentes faz com que o ser humano, sem que se aperceba, altere conceitos prévios. Criam-se, assim, relações através de uma comunicação entre pessoas que muitas vezes desconhecem o Estado soberano em que se encontra a outra parte, mas que se relacionam socialmente através da soberania do ciberespaço.

O Direito é o instituto que regula a sociedade, sendo que a sua base se constrói a partir de factos que são relevantes e possuem valor e que, posteriormente, se transformam em norma. Como exemplo disso, tome-se as novas legiferações direcionadas para o mundo *online*, que não teriam lugar na sociedade caso a internet não existisse. Assim, diante dos novos factos advindos dos mais recentes padrões de interação social, convenções, Cartas Fundamentais, e demais normativos direcionam as suas forças também para a criação ou alteração de diplomas de forma a que estes se adequem à realidade emergida pela existência do ciberespaço. A procura pela proteção das pessoas quando se trata desse espaço magnético objetiva proteger o conteúdo que essas tratam e que é da sua titularidade. Para tanto, foram redigidos normativos legais direcionados para a promoção da preservação do direito à privacidade, direito à proteção dos dados e cibersegurança.

A procura pela inviolabilidade da personalidade através do direito à intimidade, imagem, privacidade, dignidade da pessoa, é cada vez mais comum. Antes do ciberespaço construir a sociedade da informação, quando se tratava de violar privacidade imaginava-se alguém a espiar por cima do muro ou a entrar sem permissão num local privado. Hoje, imagina-se alguém que, sem autorização, acede indevidamente aos dados pessoais de outrem, ou que, de má fé, indisponibiliza um perfil de rede social pertencente a outra pessoa. Por tudo isto, é possível afirmar que a sociedade na qual se vive consiste num novo conceito social, com necessidades diferentes do anterior, nomeadamente na área jurídica. No entanto, para promover a preservação de um direito, é importante que a Constituição da República ampare esta premissa. Neste caso, a Constituição da República Portuguesa de 1976 dá um exemplo repleto de pioneirismo, tanto na sua entrada em vigor, quanto diante das Revisões Constitucionais de 1982 e 1989, reforçando cada vez mais a regulação da informática e da proteção de dados quando comparada com a Constituição da República do Brasil de 1988. Na verdade, enquanto na Constituição Portuguesa a proteção de dados é já contemplada como um direito fundamental positivado, na brasileira ainda se fica a aguardar um projeto de emenda constitucional com essa proposta para aprovação.

A preocupação com o que os algoritmos podem fazer quando se trata de violação da privacidade de uma pessoa singular tem vindo a ser manifestada no meio internacional desde 1981. É, na verdade, muito gratificante saber que existe essa preocupação para a qual a União Europeia, por meio de uma diretiva, já procurou assegurar uma solução através da operação correta dos dados automatizados. Essa Diretiva foi posteriormente transposta, fazendo com que em Portugal figurasse já uma Lei de Proteção de Dados Pessoais. Mas esta questão não fica pela esfera europeia, com o Brasil, logo após a entrada em vigor do Regulamento Geral de Proteção de Dados da Europa, a publicar a Lei Geral de Proteção de Dados Pessoais brasileira. Esta lei tornou-se, assim, num marco para a nação, já que não existia nada semelhante no território. O que esses diplomas têm em comum é que, para serem aplicados, é necessária a conformidade – sinónimo de *Compliance* –, palavra contida praticamente em todos os normativos. O século XXI vem, pois, sendo caracterizado como a era do *Compliance* e da revolução digital.

A prevenção é o que faz com que um diploma seja cumprido de forma eficaz e, quando se trata de obedecer a leis que estão diretamente ligadas de forma interdisciplinar com a tecnologia através da segurança informática para se preservar a privacidade de pessoas e dados pessoais, é necessário conhecimento técnico da segurança informática para se obter maior eficiência. Perante esta realidade, quando da união entre as competências jurídicas e tecnológicas em busca da conformidade, aparece o *Compliance* digital, instrumento que proporcionará a tão desejada prevenção por meio de uma boa governança e da análise e gestão de riscos para se atingir o máximo de segurança nestas áreas. Só assim se consegue preservar o direito à privacidade e o direito à proteção de dados dos seus titulares.

A aplicação do *Compliance* digital é o método através do qual se poderá atingir o máximo de efetividade na preservação da privacidade via proteção de dados e, portanto, é indispensável a capacitação das pessoas através de formações frequentes direcionadas à transmissão de uma cultura preventiva e de sensibilização para as possíveis consequências para si e para outrem quando não obedecida.

Quando se fala sobre capacitação das pessoas, seja numa empresa pública, seja numa privada, esta deve ocorrer sem distinção para toda a equipe – do mais alto cargo até os demais colaboradores, seja o sócio, diretor ou presidente. Deverá, no entanto, abranger igualmente os demais prestadores de serviço internos pois, para mitigar os riscos, há necessidade de participação e compromisso por parte de todos. O processo de educação para explicar o ambiente cibernético, as suas possibilidades, os seus riscos e as melhores condutas é, deste modo, essencial para todos, e essa formação nunca poderá cessar, visto que a cada dia surgem novas vulnerabilidades e diferentes produtos.

As *softlaws* – neste caso, as ISO (Normas Internacionais de Padronização) –, são imperiosamente necessárias visto que possuem padrões técnicos para promover a segurança da informação, gestão de riscos, resposta a incidentes e gestão de *Compliance*, para citar apenas alguns. A união destas ISO às normas positivadas de um Estado provocará o resultado que se espera do *Compliance* digital – a conformidade exigida pelo diploma jurídico. Assim, a ISO 27701, publicada em 2019, surge como um marco para a relação que forma o *Compliance* digital: o Direito, a Tecnologia, a segurança da informação, e ainda a gestão e governança.

O Direito e Tecnologia caminham cada vez mais juntos, e o que proporciona esta relação é a conformidade, por isso se denomina "era do *Compliance*" esta na qual estamos a viver. Assim, percebe-se que esse crescimento tecnológico presente na vida de todos continuará, cada vez mais, a trazer novos produtos e serviços que, por sua vez, produzirão factos novos. Por outro lado, poderá acontecer que, por algum meio, se consiga violar cada vez mais a privacidade das pessoas através dos dados e que os Estados procurem preservar o direito à proteção de dados com legiferação, conceitos, mecanismos de prevenção, bem como com repressão para as pessoas que provocam violação e/ou fuga destes dados. Contudo, a prevenção torna-se cada vez mais uma evidência para a sustentabilidade e o tratamento de dados deverá ser executado cada vez com maior cautela, sendo que essa virtude precisa de profissionais competentes, comprometidos, e que procurem conhecimento diariamente para conseguir o máximo de conformidade possível.

FONTES DOCUMENTAIS

Geral

a) Livros

PORTUGAL – **CONSTITUIÇÃO da República Portuguesa de 1976, de 10 de abril.** 4ª ed. Coimbra: Almedina, 2017. ISBN 978-972-40-6867-1.

b) Internet

BRASIL – **Constituição da República de 1988, de 05 de outubro**. [Em linha]. [Consult. 20 set. 2017]. Disponível em

___ – **Lei nº 12.965, de 23 de abril de 2014.** [Em Linha]. [Consult. 03 set. 2019]. Disponível em:

___ – **Lei nº 12.737/2012, de 30 de novembro**. Lei Carolina Dieckmann. [Em Linha]. [Consult. 03 set. 2019]. Disponível em:

___ – **Lei nº 13.709/2018, de 14 de Agosto**. Dispõe sobre a proteção de dados pessoais e altera a Lei nº 12.965, de 23 de abril de 2014 (Marco Civil da Internet)**.** [Consult. 27 set. 2018]. Disponível em:

COUNCIL OF EUROPE – **Convention on Cybercrime. 2004.** [Em Linha]. [Consult. 19 ago. 2018]. Disponível em:

___ – **Convenção Europeia dos Direitos Humanos.** [Em Linha]. [Consult. 19 ago. 2018]. Disponível em: https://www.echr.coe.int/Documents/Convention_POR.pdf

___ – **Carta dos Direito Fundamentais da União Europeia**. 2002. [Em linha]. [Consult. 27 nov. 2018]. Disponível em:

CONVENÇÃO de Budapeste. 2001. [Em Linha]. [Consult. 06 dez. 2017]. Disponível em:

DECLARAÇÃO Universal dos Direitos Humanos. 1948. [Em Linha]. [Consult. 19 set. 2018] Disponível em:

ISO – **ISO/IEC 27701:2019** – Security techniques – Extension to ISO/IEC 27001 and ISO/IEC 27002 for privacy information management – Requirements and guidelines. 2019. [Em linha]. [Consult 25 nov 2019]. Disponível em:

NAÇÕES Unidas – **Carta das Nações Unidas**. 1945. [Em linha]. [Consult. 29 set. 2018]. Disponível em

PARLAMENTO Europeu e do Conselho. **Directiva 46/95/CE**, de 24 de outubro. [Em Linha]. [Consult. 17 set. 2019]. Disponível em:

___ – **Regulamento 679/2016, de 27 de abril**. [Em Linha]. [Consult. 17 set. 2019]. Disponível em:

___ – Grupo de Trabalho do Artigo 29. **Orientações relativas ao consentimento na aceção do Regulamento (EU) 2016/679**. 2017. [Em Linha]. [Consult 04 set. 2019]. Disponível em:

PORTUGAL – **Lei nº 67/98, de 26 de outubro**. Lei da Proteção de Dados Pessoais. [Em Linha]. [Consult. 17 set. 2019]. Disponível em:

___ – **Lei nº 109/2009, de 15 de setembro**. Lei do Cibercrime. [Em Linha]. [Consult. 03 set. 2019]. Disponível:

___ – **Lei 58/2019, de 8 de agosto**. [Em Linha]. [Consult. 20 set. 2019]. Disponível em:

State of California Departament of Justice. CCPA – *California Consumer Privacy Act*. 2018. [Em linha]. Acedido em 24 de out. 2020. Disponível em:

UNICEF – **Declaração Universal dos Direitos Humanos.** [Em linha]. 1948. [Consult. 20 nov. 2018]. Disponível em: https://www.unicef.org/brazil/pt/resources_10133.htm

c) Acórdãos e Jurisprudências

ACÓRDÃO do Tribunal de Justiça (Segunda Secção). **Processo C-398/15**. de 9 de março de 2017. Camera di Commercio, Industria, Artigianato e Agricoltura di Lecce contra Salvatore Manni. Pedido de decisão prejudicial apresentado pela Corte suprema di cassazione. Reenvio prejudicial – Dados pessoais – Proteção das pessoas singulares no que respeita ao tratamento desses dados – Diretiva 95/46/CE – Artigo 6.o, n.o 1, alínea e) – Dados sujeitos à publicidade do registo das sociedades – Primeira Diretiva 68/151/CEE – Artigo 3.º – Dissolução da sociedade em causa – Limitação do acesso de terceiros a esses dados.

BIBLIOGRAFIA

Geral

a) Livros

ARAUJO, Valter Shuenquener – **Novas dimensões do princípio da soberania.** Editora Niterói, Rio de Janeiro, 2016. ISBN: 978-85-7626-895-6. p. 29.

BOBBIO, Norberto – **A Era dos Direitos.** Rio de Janeiro: Campus, 1992.

CASTELLS, Manuel – **A Galáxia da Internet**: Reflexões sobre a Internet, os negócios e a sociedade; Tradução Maria Luiza X. de A. Borges. Rio de Janeiro: Zahar, 2003. ISBN: 978-85-7110-740-3.

CAVALCANTI, Augusto César. **O Novo Modelo de Contratação de Soluções de Ti Pela Administração Pública** – 2ª Ed. Editora Fórum. São Paulo, 2015.

CORDEIRO, João. ***Accountability***: A evolução da responsabilidade pessoal nas empresas. 1 ed. Évora. São Paulo, 2013. ISBN:978-85-63993-71-7.

FRAIMAN, Leo. Valores Essenciais em um mundo cada vez mais digital. et al. (Org.) ABRUSIO, Juliana. **Educação Digital.** São Paulo: Revista dos Tribunais, 2015. ISBN 978-85-203-6293-8.

GIBSON, William – **Neuromancer.** 5 ed. Editora Aleph, 2016. ISBN 978-8576573005.

MAFFEI, José Luiz Gonçalves – **Curso de Auditoria.** Editora Saraiva: São Paulo, 2015. ISBN 978-85-026-2763-5.

MAYER-SHCONBERGER, Viktor; CUKIER Kenneth – **Big Data**: Como extrair volume, variedade, velocidade e valor da avalanche de informação cotidiana. Tradução: Paulo Polzonoff Júnior. 1. Ed. Rio de Janeiro: Elsevier, 2013. ISBN: 978-85-352-9070-7.

MENDES, Francisco Schertel; CARVALHO, Vinicius Marques de – **COMPLIANCE**: Concorrência e combate a corrupção. São Paulo: Trevisan Editora, 2017. ISBN 978-85-9545-006-6.

MOUGAYAR, William. **Blockchain para Negócios:** Promessa, Prática e Aplicação da Nova Tecnologia da Internet. Rio de Janeiro: Alta Books, 2017. ISBN 978-85-508-0067-7.

PAESANI, Liliana Minardi. **Direito da Informática:** Comercialização e Desenvolvimento Internacional de Software. 9. ed. São Paulo: Editora Atlas S.A., 2014. ISBN 978-85-224-9811-6.

OLIVEIROS, Litrento. Fundamentos Filosoficos Do Direito Romano E Sua Repercussões No Pensamento Jurídico Conteporâneo. Rio de Janeiro: 1982.

PINHEIRO, Patrícia Peck – **#DireitoDigital**. 6 ed. São Paulo: Saraiva, 2016. ISBN 978-85-02-63561-6.

POLICARPO, Poliana; BENNARD, Edna – **Cibercrimes na E-Democracia**. 2 ed. Belo Horizonte: Editora D'Plácido, 2017. ISBN 978-85-8425-635-8.

SAKAMOTO, Leonardo – **O que aprendi sendo xingado na internet**. 1 ed. São Paulo: Leya, 2016. ISBN 978-85-441-0420-0.

SHWAB, Klaus – **A Quarta Revolução Industrial**. Ed. 1. São Paulo: Edipro, 2016. ISBN 978-85-7283-978-5.

VANCIM, Adriano Roberto; MATIOLI, Jefferson Luiz. **Direito & Internet:** Contrato Eletrônico e Responsabilidade Civil na Web. 2. ed. França – SP: Lemos & Cruz, 2014. ISBN: 978-8599895559.

WYKES, Sean Michael – **Cr1ptografia Essenc1al**: A Jornada do Criptógrafo.1 ed. Rio de Janeiro: Elsevier, 2016. ISBN 978-85-352-8605-2.

b) Internet

ARAÚJO, Humberto Xavier de; PRATA, David Nadler; SANTOS, Cleórbete – **Fundamentos da Tecnologia Blockchain**. Editora Amazon. [Kindle]. ISBN 978-10-80003-40-2.

BESEMER, Leo – **EXIN: Privacidade, Dados Pessoais e GPDR**. 2017. [Em Linha]. [Consult. 10 ago. 2018]. Disponível em:

BRASIL. Câmara dos Deputados. Saiba como os crimes na internet são tratados em outros países. Fonte: Agência Câmara de Notícias. 2011. Disponível em: <https://www.camara.leg.br/noticias/217913-saiba-como-os-crimes-na-internet-sao-tratados-em-outros-paises/>. Acedido em 08 de fev. 2021.

BRASIL. Tribunal de Contas da União. Referencial Básico de Governança. 2013. Disponível em <https://portal.tcu.gov.br/data/files/6A/B6/39/85/1CD4671023455957E18818A8/Referencial_basico_governanca_1_edicao.PDF>. Acedido em 08 de fev. 2021.

CARVALHO, Fábio Rodrigues de – **Saiba o que significa o instituto Drittwirkung**. [Em linha]. [Consult. 11 set. 2019]. Disponível em:

CERT.br – **Cartilha de Segurança na Internet**: ransomware. 2017. [Em linha]. [Consult. 15 dez. 2017]. Disponível em

CNSP – Centro Nacional de Segurança de Portugal – **Transposição da Diretiva NIS/SRI**. 2019. [Em Linha]. [Consult. 28 set. 2019]. Disponível em:

COHEN, Fred – **Dr. Fred Cohen**. [Em linha]. 2018. [Consult. 14 nov. 2018]. Disponível em: http://fc0.co/

COMISSÃO Europeia – **Posso ser sujeito a decisões individuais automatizadas, incluindo a definição de perfis?** 2019. [Em linha]. [Consult. 28 jun. 2019]. Disponível em:

___ – **A luta da União Europeia contra a fraude e a corrupção**. 2014. [Consult. em: 13 dez. 2017]. Disponível em

ÉPOCA Negócios – **Conheça o Chief Compliance Officer**. 2017. [Em linha]. [Consult. 15 dez. 2017]. Disponível em

ESET Portugal – **Ransomware? O backup pode ser seu melhor amigo**. 2016. [Em linha]. [Consult. 15 dez. 2017]. Disponível em

EUROPE Council – **Convention for the Protection of Individuals with regard to Automatic Processing of Personal Data**. 1981. [Em linha]. [Consult. 27 nov. 2018]. Disponível em:

EXIN – **Privacy e Data Protection Foundation**. [Em linha]. 2018. [Consult. 10 out. 2018]. Disponível em:

FONTES, Edison. **GDPR – General Data Protection Regulation**. 2018. [Em Linha]. [Consult. 01 mai. 2018]. Disponível em:

GUERREIRO, Pedro. **RGPD e o Blockchain: uma nova lei e um novo desafio**. 2018. Disponível em. Acedido em 03 mai. 2018.

IAB – Instituto dos Advogados Brasileiros – **Cláudio Carneiro Destaca avanço do compliance na espera públicas e privada**. [Em Linha]. [Consult. 18 set. 2019]. Disponível em:

IBM – **Are you safe from ransomware attacks?** [em linha]. Acesso em: 27 nov. 2017. Disponível em

INTERNET Archive – **WaybackMachine**. 2017. [em linha]. [Consult. em: 28 nov. 2017]. Disponível em

KAMINSKI, Omar – **A Informática Jurídica, a Juscibernética e a Arte de Governar**. [Em Linha]. [Consult 04 set. 2019]. Disponível em:

LIRA, Michael Pereira de – **O que é compliance e como o profissional da área deve atuar? 2013.** [Em Linha]. [Consult. 06 dez. 2017]. Disponível em: https://michaellira.jusbrasil.com.br/artigos/112396364/o-que-e-compliance-e-como-o-profissional-da-area-deve-atuar

MICROSOFT – **Proteger seu computador contra ransomware**. 2017. [Em linha]. [Consult. 15 dez. 2017]. Disponível em

MINISTÉRIO de Negócios Estrangeiros – **Manual de Boas Práticas para a Negociação, Transposição e Aplicação de Legislação da União Europeia**. 2018. [Em linha]. [Consult. 07. Set. 2018]. Acedido em. p. 08.

MASSENO, Manoel David – **Ciberespaço e Território na Sociedade Mundial em Rede**. 2016. [Em Linha]. [Consult. 18 ago. 2019]. Disponível em:

___ – **Da segurança no tratamento dos dados pessoais** [no âmbito do RGPD]. No Internet Society Chapter Portugal. 2018. [Em Linha]. [Consult 04 set. 2019]. Disponível em:

___ – **Os Fundamentos e as Fontes**. 2018. [Em Linha]. [Consult. 13 ago. 2019]. Disponível em:

___; WENDT, Emerson – **O ransonware na Lei**: apontamentos breves do direito português e brasileiro. 2017. [Em Linha]. [Consult. 06 dez. 2017]. Disponível em:

OLIVEIRA JUNIOR, José de Anchieta – **A importância dos Direitos Fundamentais para o Direito**. 2017. [Em linha]. Acedido em 15 mar. 2018. Disponível em:

OLIVO, Luís Carlos Cancellier de. "Aspectos Jurídicos do Comércio Eletrônico". In: ROVER, Aires José (Org.) – **Direito, sociedade e informática**. Limites e perspectivas da vida digital. Florianópolis: Fundação Boiteaux, 2000.

POLITIZE! – **O que é Globalização**. 2017. [Em linha]. [Consult. 26 set. 2018]. Disponível em:

PROVALORE. **Governança pública** – saiba a diferença entre governança e gestão. 2018. Disponível em:. Acedido em: 11 mai. 2018.

RODRIGUES, Katitza – **The U.S. CLOUD Act and the EU**: A Privacy Protection Race to the Bottom Et. Al. Electronic Frontier Foundation. 2018. [Em linha]. Acedido em 05 jul. 2018. Disponível em

ROBERT Walters – **Carrer Advice:** The Role of Compliance Officer. [Em linha]. [Consult. 06 dez. 2017]. Disponível em https://www.robertwalters-usa.com/career-advice/the-role-of-a-compliance-officer.html

SANTOS, Cleórbete – **Ataques do ransomware WannaCry e a Lei Carolina Dieckmann**. Acesso em: 13 dez. 2017. Disponível em

___ – **Muito Além do Antivírus**. 1 ed. Palmas: [s.e.], 2017. [Edição do Kindle].

SANTOS, Coriolano Aurélio de Almeida Camargo; CRESPO, Marcelo – **Como será o futuro dos negócios com a vigência do Regulamento Geral de Proteção de Dados Europeu?** 2017. [Em linha] [Consult. 13 dez. 2017]. Disponível em:

SARMENTO, António – DPO. **Quem é o responsável pela proteção de dados? O Encarregado de Proteção de Dados (DPO) vai integrar o 'job description' de muitas empresas e de muitas organizações**. O Jornal Econômico, 2018. [em linha]. [Consult. 15 fev. 2018]. Disponível em

TECMUNDO – **Entenda o que é ransomware**: o malware que sequestra computadores. Acesso em: 13 dez. 2017. Disponível em

TI Inside – **Compliance Digital**: O que é e como afeta o trabalho de TI. 2017. [Em linha]. [Consult. 15 dez. 2017]. Disponível em

US DEPT OF DEFENSE – **DOD's Cyber Strategy: 5 Things to Know**. By Katie Lange. 2018. [Em Linha]. [Consult. 18 ago. 2019]. Disponível em:

WARREN, Samuel D.; BRANDEIS, Louis D. – **The Right to Privacy**. Vol. 4, No. 5. Harvard Law Review: [Em linha]. 1890. [Consult. 20 nov. 2018]. Disponível em:

c) Trabalhos não publicados

LÓSSIO, Claudio Joel Brito – **A Soberania e as Leis de Proteção de Dados**. 2019. Trabalho elaborado e apresentado na disciplina Direito da norma ao procedimento e à fase aplicativa, lecionada pelo Professor Doutor Alex Sander Xavier Pires na UAL – Universidade Autónoma de Lisboa. (Não publicado)

Específica

a) Livros

ANTUNES, Luís – **Pôr em Prática o RGPD**. FCA – Editora de Infromática: Lisboa. ISBN: 978-972-722-896-6.

ARAUJO, Valter Shuenquener – **Novas dimensões do princípio da soberania**. Editora Niterói, Rio de Janeiro, 2016. ISBN: 978-85-7626-895-6.

BONAVIDES, Paulo. **Curso de Direito Constitucional**. 19 ed. Editora Malheiros: São Paulo, 2006.

BURROWS, Leah – **To be let alone: Brandeis foresaw privacy problems**. What would the privacy-law champion make of surveillance programs like PRISM?. [Em linha]. 2013. [Consult. 20 nov. 2018]. Disponível em:

CANOTILHO, José Joaquim Gomes; MOREIRA, Vital. (2007). *CRP*: **Constituição da República Portuguesa** – *Anotada, Artigo 1 a 107. 4 ed. Vol I.* Editora Coimbra.

COMPARATO, Fábio Konder – **A Afirmação Histórica dos Direitos Humanos**. 7 ed. Editora Saraiva: São Paulo. ISBN: 9788547216139.

CORREIA, Victor – **Da Privacidade**: Significado e Valor. Editora Almedina: Coimbra, 2018. ISBN 978-972-40-77-4.

CANOTILHO, José Joaquim Gomes; MOREIRA, Vital – **CRP: Constituição da República Portuguesa** – Anotada, Artigo 1 a 107. 4 ed. Vol I. Editora Coimbra, 2007. ISBN 978-972-32-1462-8.

CARNEIRO, Cláudio; BRITTO, José Geraldo Falcão – **Gestão de Riscos em Compliance**. Instituto Memória: Curitiba, 2019. ISBN 978-85-5523-319-7.

___; MACEDO, Sirceia – **Compliance Officer & Data Protection Officer**. Instituto Memória: Curitiba, 2019. ISBN 978-85-5523-320-3.

___; SANTOS JUNIOR, Milton de Castro – **Compliance e Boa Governança:** Pública e Privada. 1 ed. Editora Juruá: Curitiba, 2018. ISBN: 978-85-362-8387-6.

FRIEDMAN, Mark – **Direitos Humanos**. São Paulo: Hedra Educação, 2013. ISBN: 978856520677-8.

KANT, Immanuel – **Fundamentação da metafísica dos costumes e outros escritos**; Tradução de Leopoldo Holzbach – São Paulo: Martin Claret, 2004.

LENZA, Pedro – **Direito Constitucional**. 21 ed. São Paulo: Saraiva, 2017. ISBN 978-85-472-1751-8.

LOSANO, Mario G. – **Giuscibernetica**: Macchine e Modelli Cibernetici Nel Diritto. 1 ed. Editora Einaudi, 1969. ASIN: B009W2TVSY.

LOSANO, Mário – **Lições de Informática Jurídica**. 1 ed. São Paulo: Resenha Tributária Ltda, 1974.

LEVY, Pierre – **Cyberculture**. 1997. [Em Linha]. Editora 34. ISBN 8573261269. P. 97

LUHMANN, Niklas – **O direito da sociedade**. 1. Ed. Martins Fontes: São Paulo, 2016. ISBN: 978-8580632569.

MAGALHÃES, Filipa Matias; PEREIRA, Maria Leitão – **Regulamento Geral de Proteção de Dados**: Manual Prático. Porto: VidaEconómica, 2017. ISBN 978-989-768-435-7.

MARTINS, Paulo – **O Privado em Público**: Direito à Informação e Direitos de Personalidade. Coimbra: Almedina, 2013. ISBN 978-972-40-5279-3.

NASSER, Salem Hikmat – **Fontes do direito internacional**: um estudo sobre a soft-law. 2 ed. São Paulo: Atlas, 2006.

NEVES, Miguel Santos et al. **Introdução ao Direito.** Coimbra: Almedina, 2018. ISBN 978-972-40-6474-1.

REALE, Miguel. **Lições Preliminares do Direito.** 25. ed. São Paulo: Editora Saraiva, 2001. ISBN 978-8502041264.

ROUSSEAU, Jean-Jacques – **O Contrato Social**. Et. Al. WARBURTON, Nigel – Grandes Livros de Filosofia. 2. ed. Editora 70: Lisboa, 2017.

VELLOSO, Fernando de Castro – **Informática**: Conceitos Básicos. 10 ed. Rio de Janeiro. 2017. ISBN 978-85-352-8813.

WIENER, Norbert. **Cybernetics**: or the control and communication in the animal and the machine. Massachusetts Institute of Technology, 1948. ISBN: 978-8527311045

b) Internet

BARROSO, Luís Roberto – **Neoconstitucionalismo**. Disponível em. Acesso em: 10 mar. 2018.

BAUMAN, Zygmunt – **A Cultura no Mundo Líquido Moderno**. Tradução por Carlos Alberto Medeiros. [Em Linha]. Editora Zahar. [Consult. 04 set. 2019]. Disponível em:

CARNEIRO, Claudio – **Compliance e a cultura de paz**. Et al GALILEU – Revista de Direito e Economia. e-ISSN 2184-1845. 2019. [Em Linha]. [Consult. 17 set. 2019]. Disponível em:

CASTRO, Catarina Sarmento e – **40 anos de "Utilização da Informática" – O artigo 35.º da Constituição da República Portuguesa**. 2016. [Em Linha]. [Consult. 20 set.2019]. Disponível em:

NADER, Paulo – **Introdução ao Estudo do Direito**. [Em Linha]. [Consult. 03 set. 2019]. Disponível: p. 271

SARLET, Ingo Wolfgang – **Constituição e Proporcionalidade**: o direito penal e os direitos fundamentais entre proibição de excesso e de insuficiência. 2005. [Em Linha]. [Consult. 03 set. 2019]. Disponível: